公益財団法人 日本漢字能力検定協会

改訂二版

漢検 漢字学習 ステップ

漢検

ワイド版

漢字れんしゅうノート

別冊

「漢字れんしゅうノート」は別冊になっています。とりはずしてつかってください。

名まえ

※「漢字れんしゅうノート」をとじているはり金でけがをしないよう、気をつけてください。

漢検 公益財団法人 日本漢字能力検定協会

700413 (1-5)

もくじ

●このれんしゅうノートのつかいかた

漢字表で学習した漢字を、ノートに書いてれんしゅうしましょう。見本をみながら、書くじゅんばん、とめるところ、はねるところにちゅういして、ていねいに書いておぼえるようにしてください。

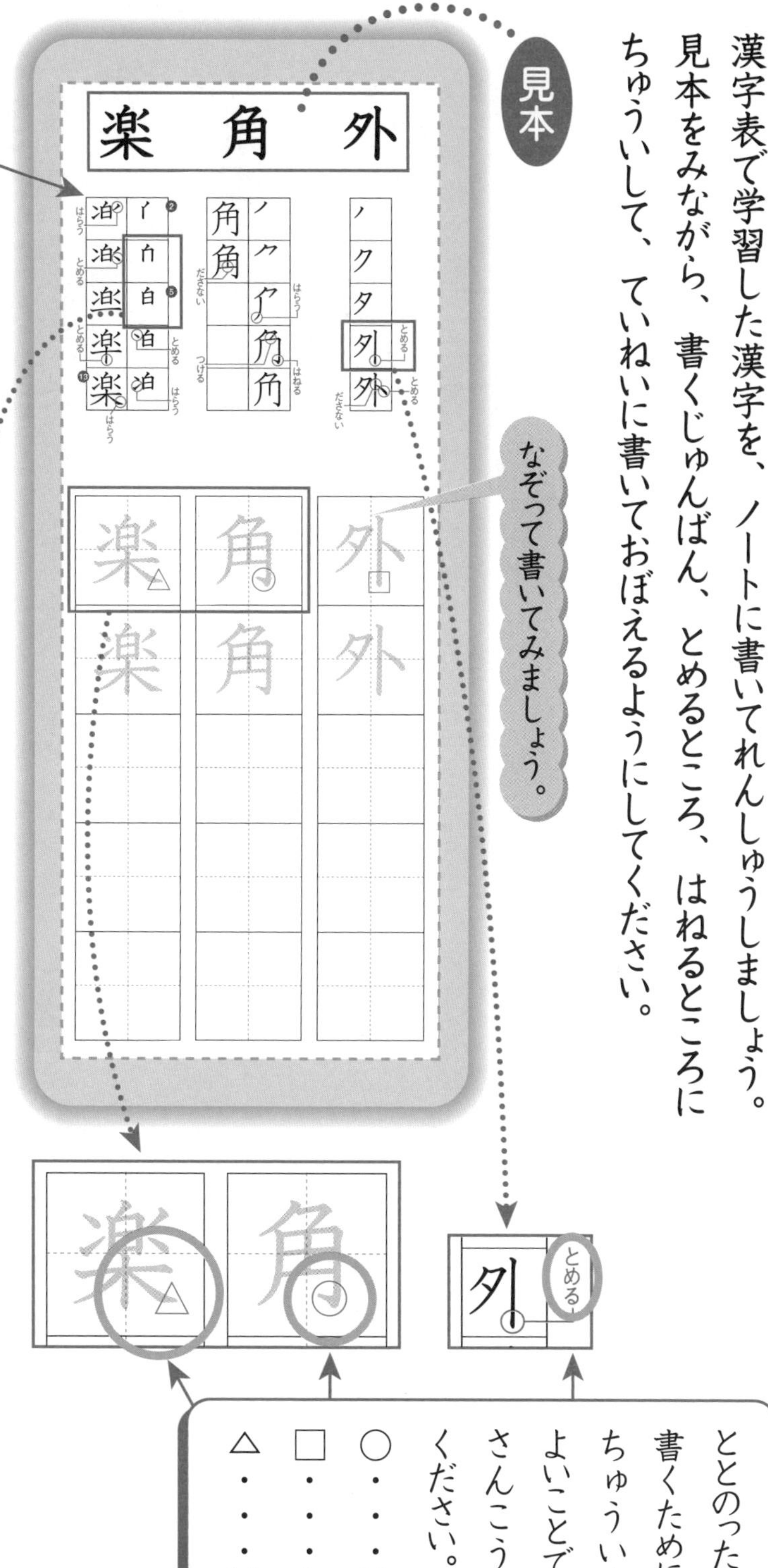

書くじゅんばんをしめしています。じゅんばんのとちゅうをはぶいているところがあります。

書くじゅんばんの4ばんめがはぶかれて、5ばんめがしめされていることをあらわしています。

ととのった漢字を書くためにちゅういするとよいことです。さんこうにしてください。

○・・・はねる

□・・・とめる

△・・・はらう

べんきょうした日　月　日

ステップ 1

漢字表は8・9ページ

何　遠　園　雲　羽　引

はねる　とめる

つけかたにちゅうい　とめる　はらう　はらう　とめる

はらう　とめる　はらう

ほうこうにちゅうい　ながさにちゅうい　とめる　ほうこうにちゅうい

ほうこうにちゅうい　はねる　ほうこうにちゅうい　はねる

はねる　とめる

何　何

遠　遠

園　園

雲　雲

羽　羽

引　引

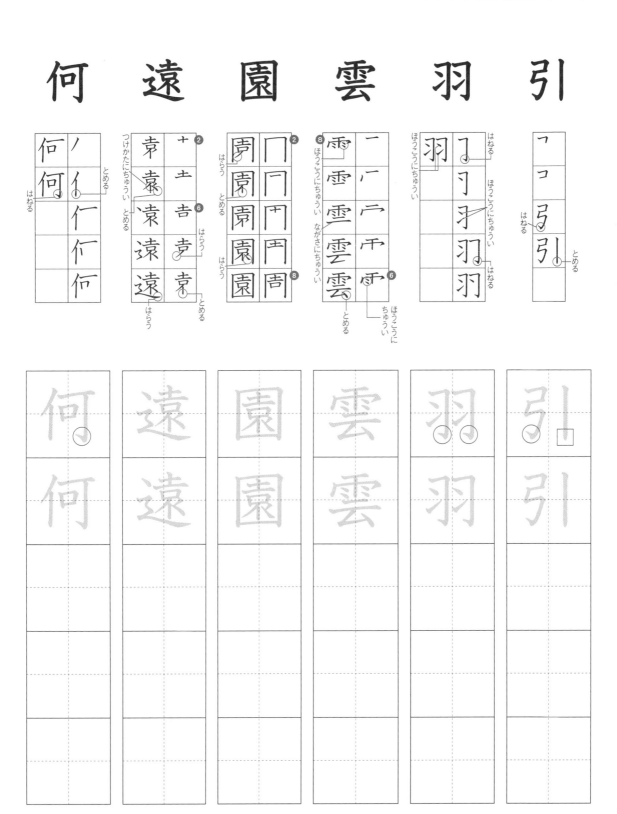

▶▶▶▶漢字表は12・13ページ

画

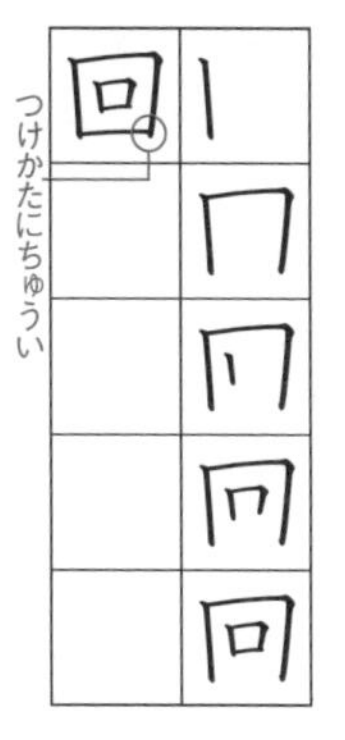

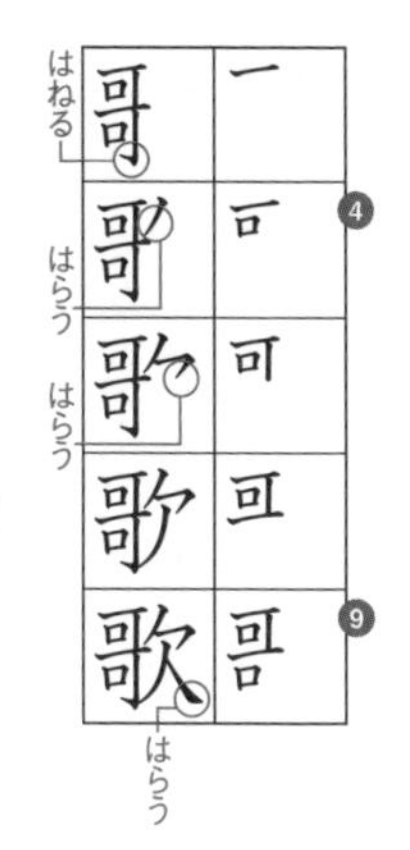

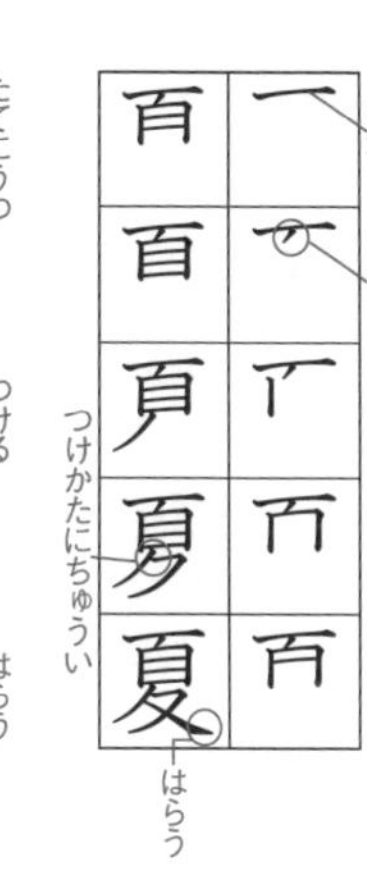

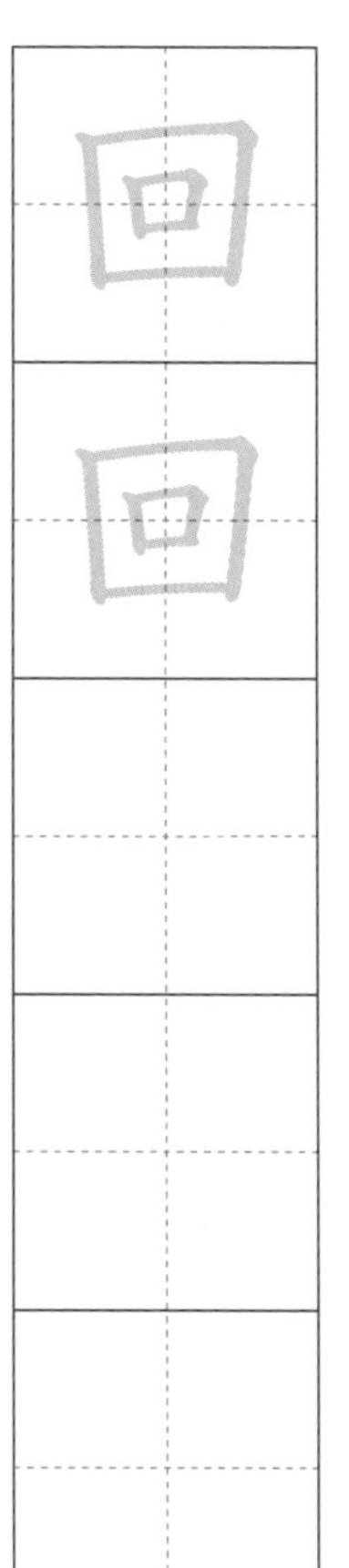

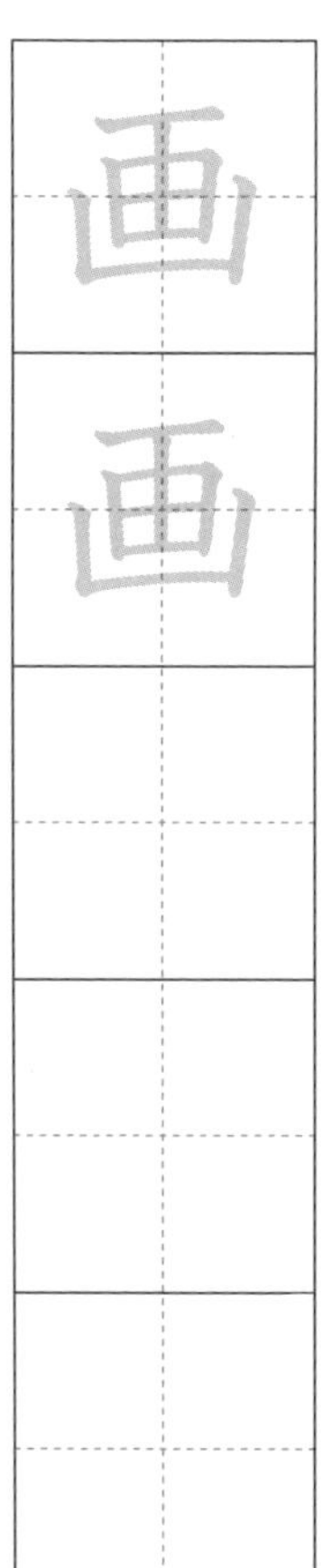

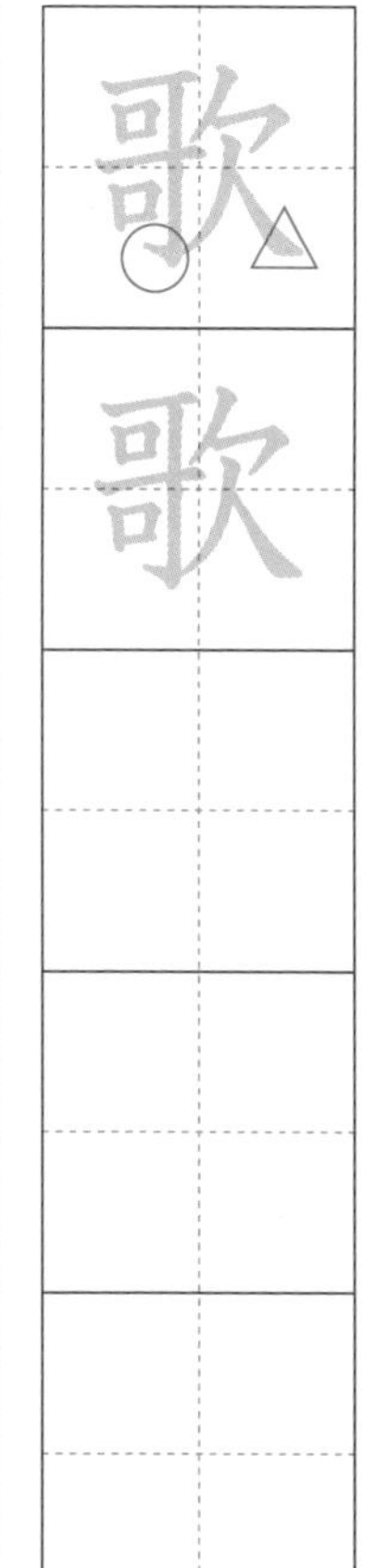

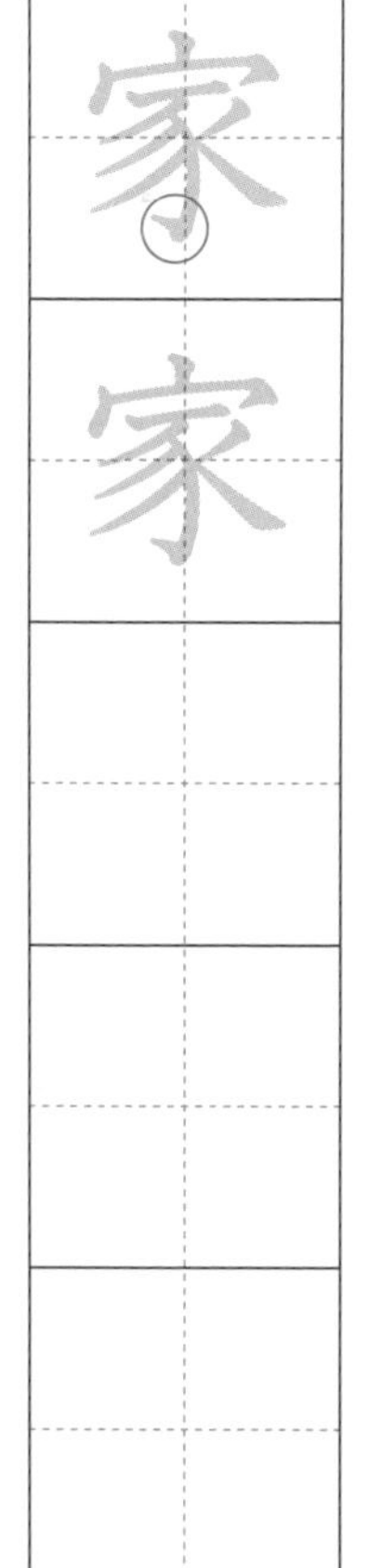

べんきょうした日　　月　　日

ステップ 3

漢字表は16・17ページ

楽　角　外　絵　海　会

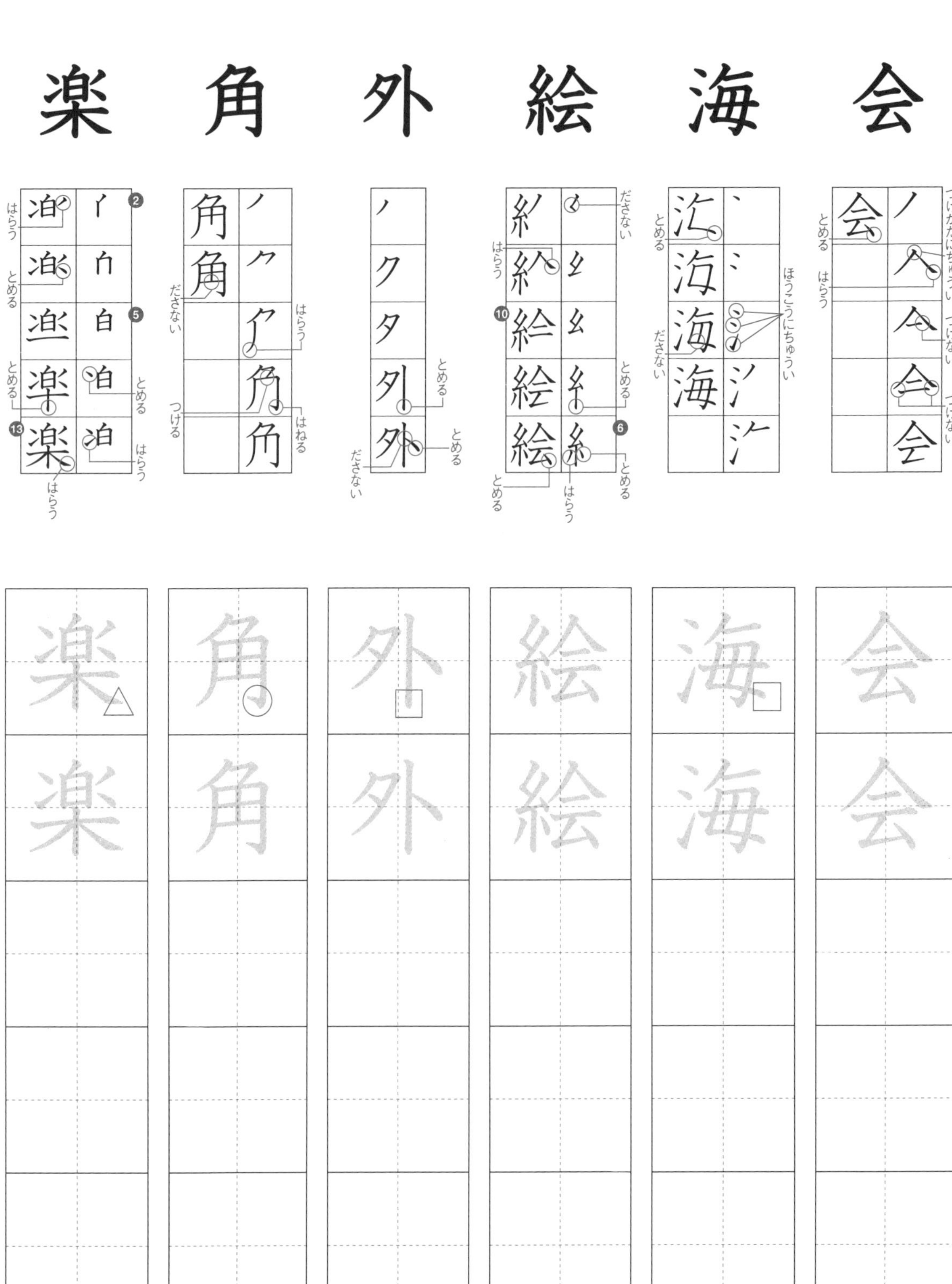

ステップ 4

▶▶▶▶ 漢字表は20・21ページ

汽　顔　岩　丸　間　活

べんきょうした日　月　日

ステップ 5

漢字表は24・25ページ

京　魚　牛　弓　帰　記

ステップ 6

漢字表は32・33ページ

計　形　兄　近　教　強

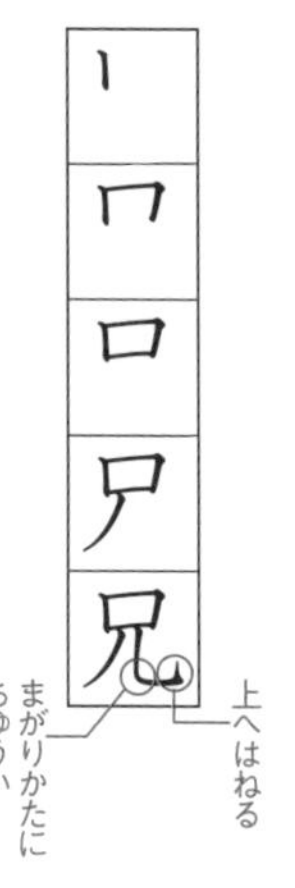

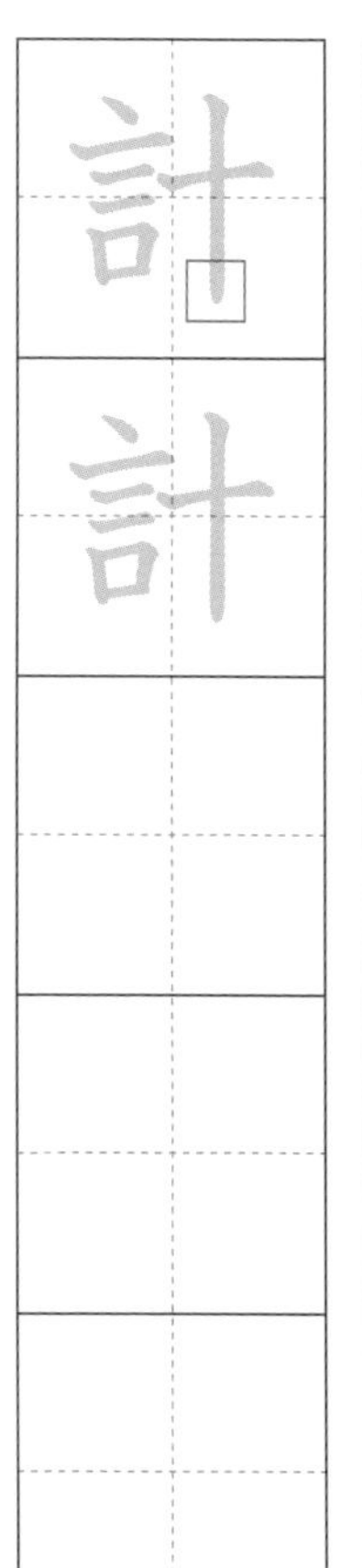
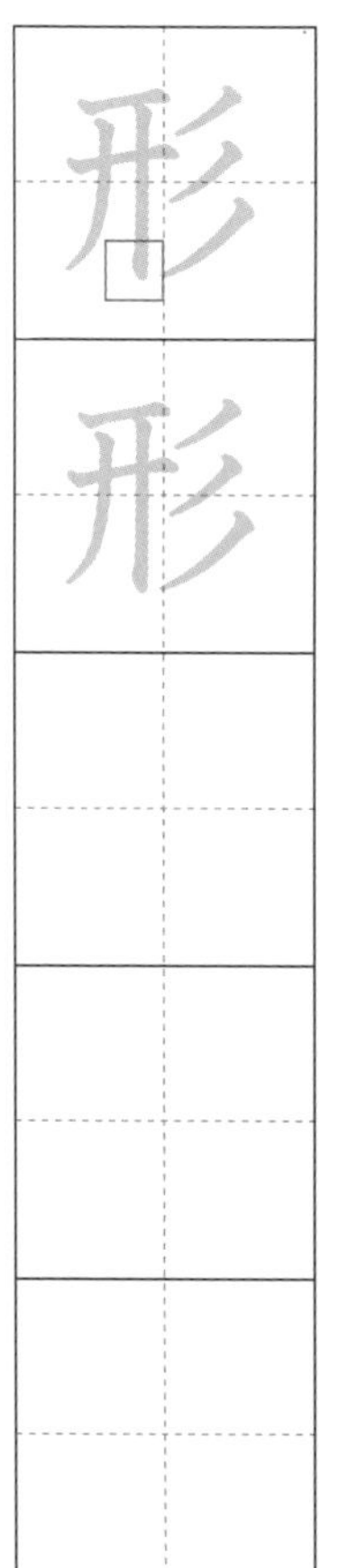
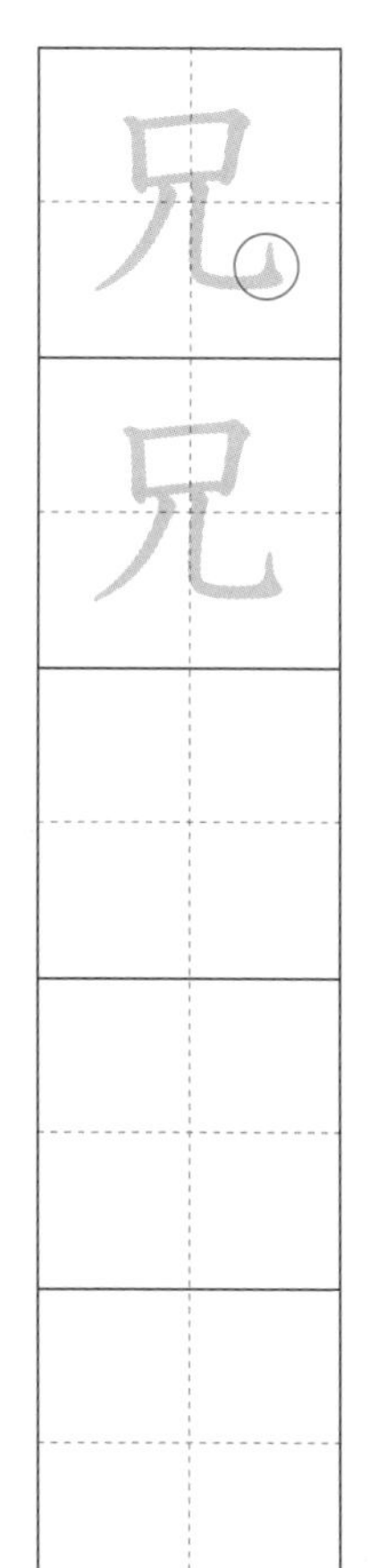
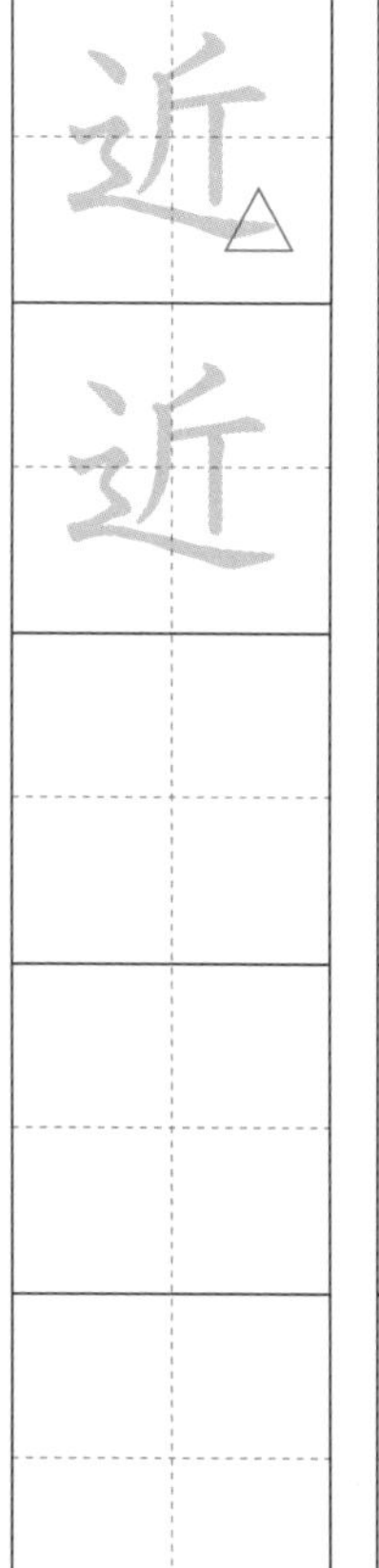

べんきょうした日　月　日

ステップ 7

▶▶▶▶▶漢字表は36・37ページ

午　古　戸　原　言　元

べんきょうした日　　月　　日

ステップ 8

▶▶▶▶ 漢字表は40・41ページ

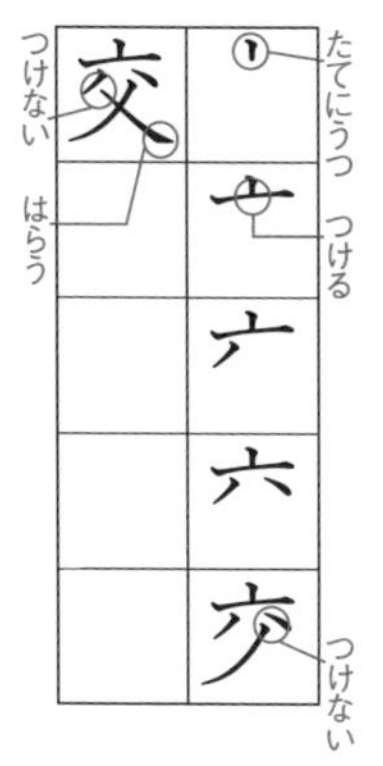

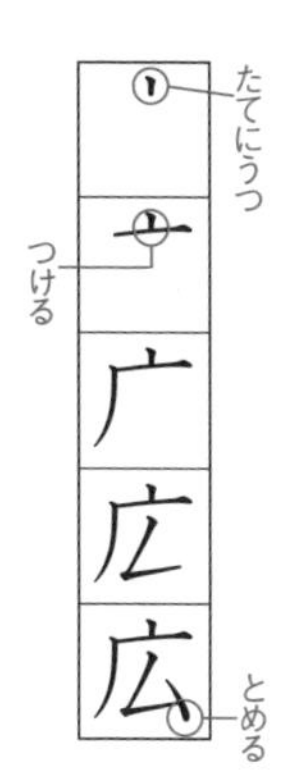

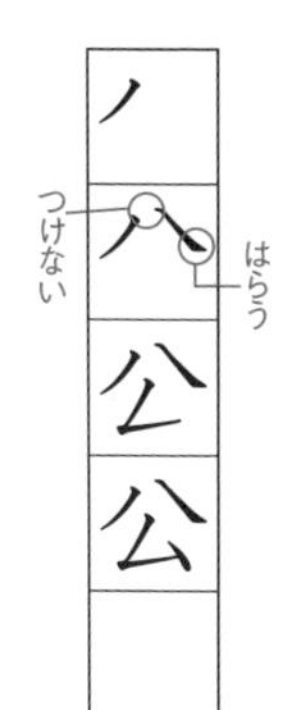

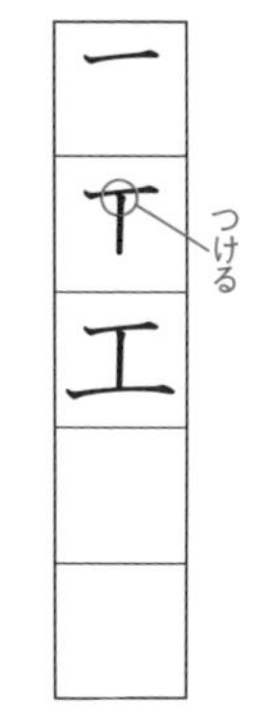

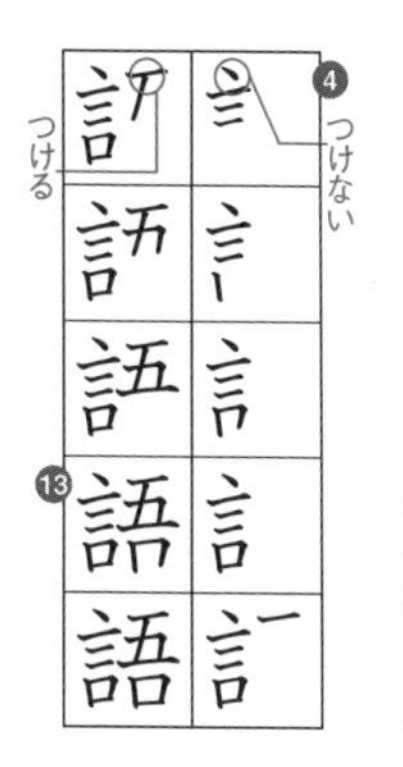

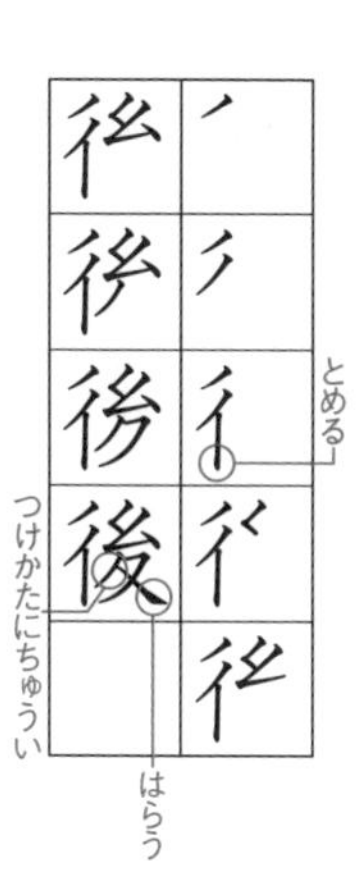

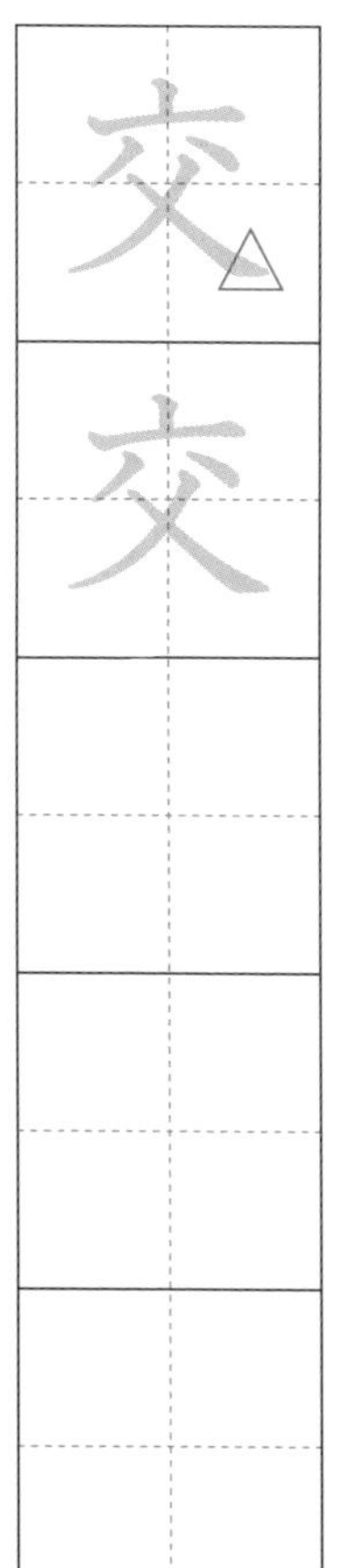

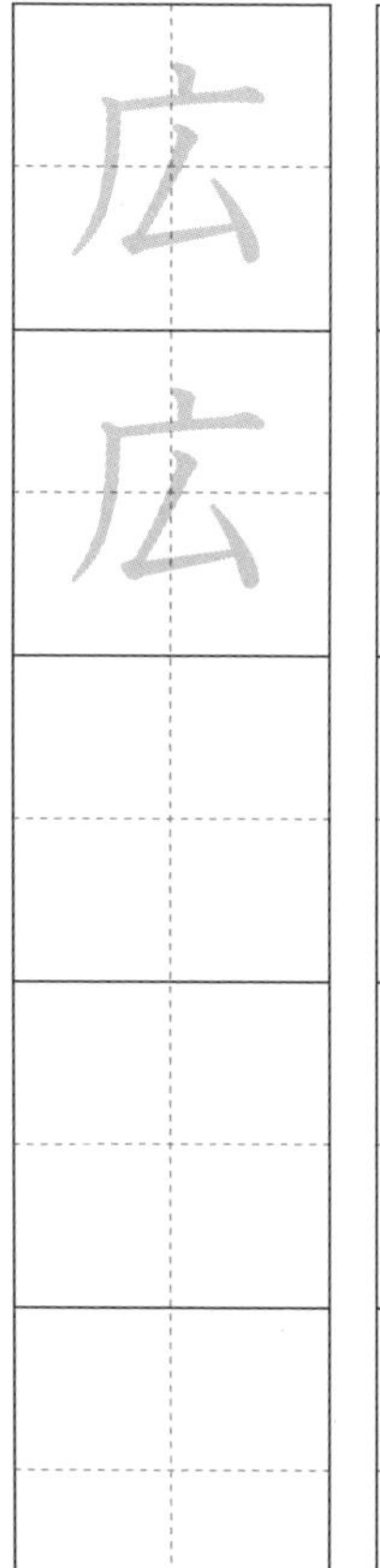

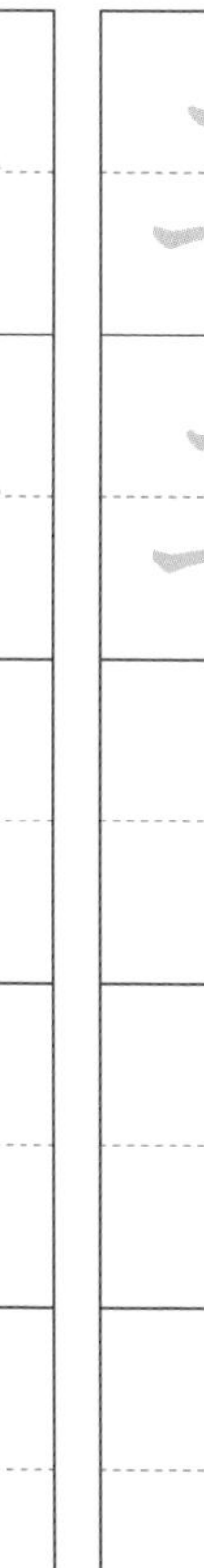

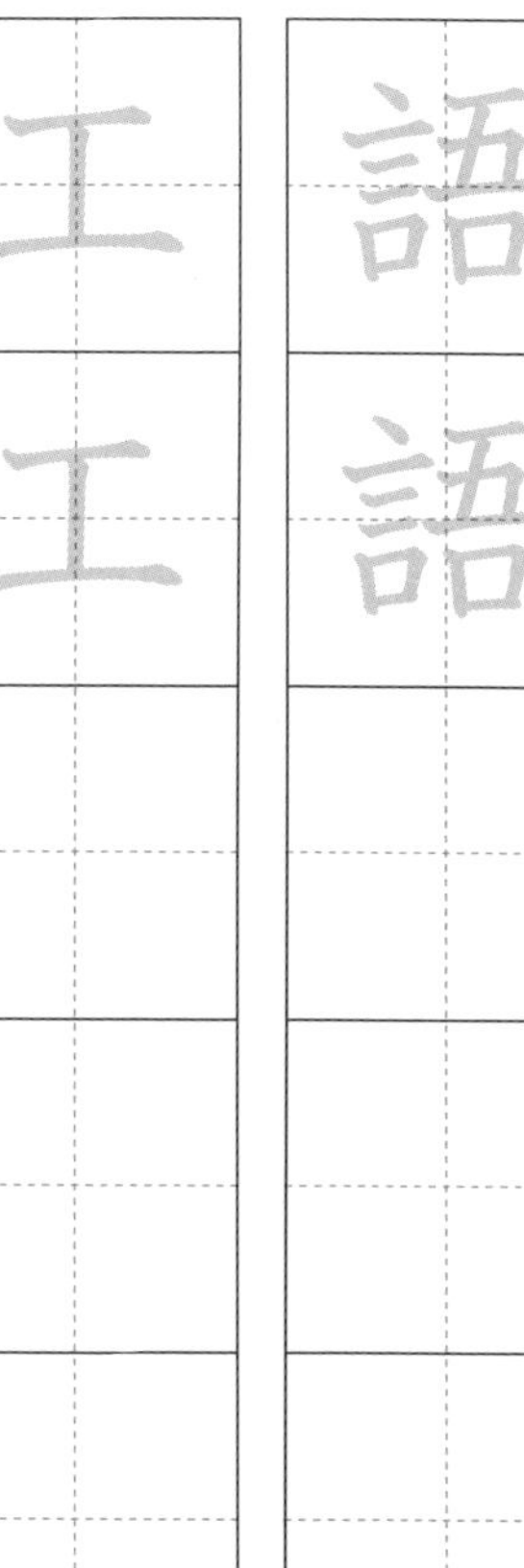

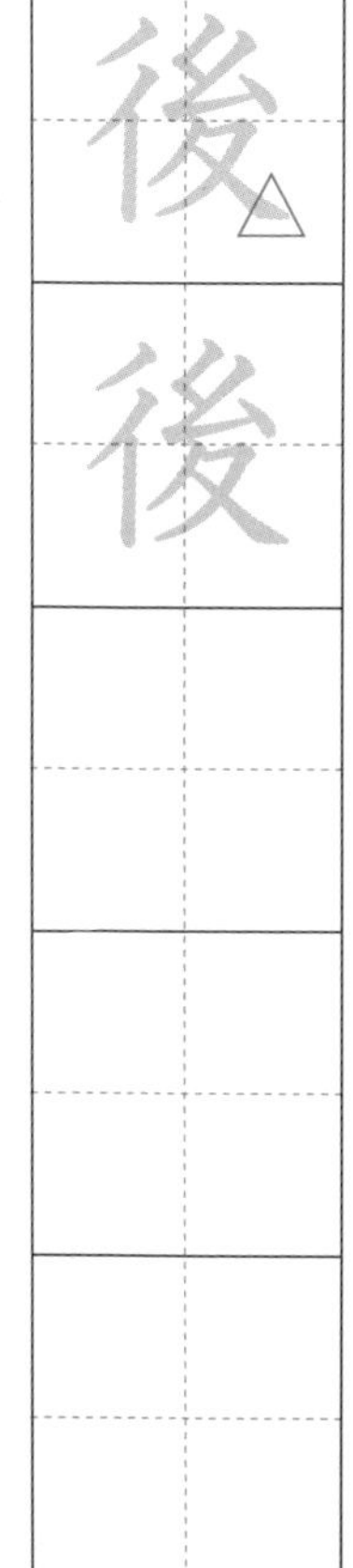

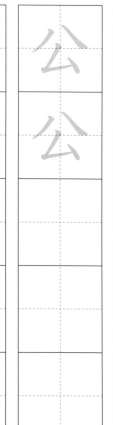

ステップ 9

漢字表は44・45ページ

合　黄　高　行　考　光

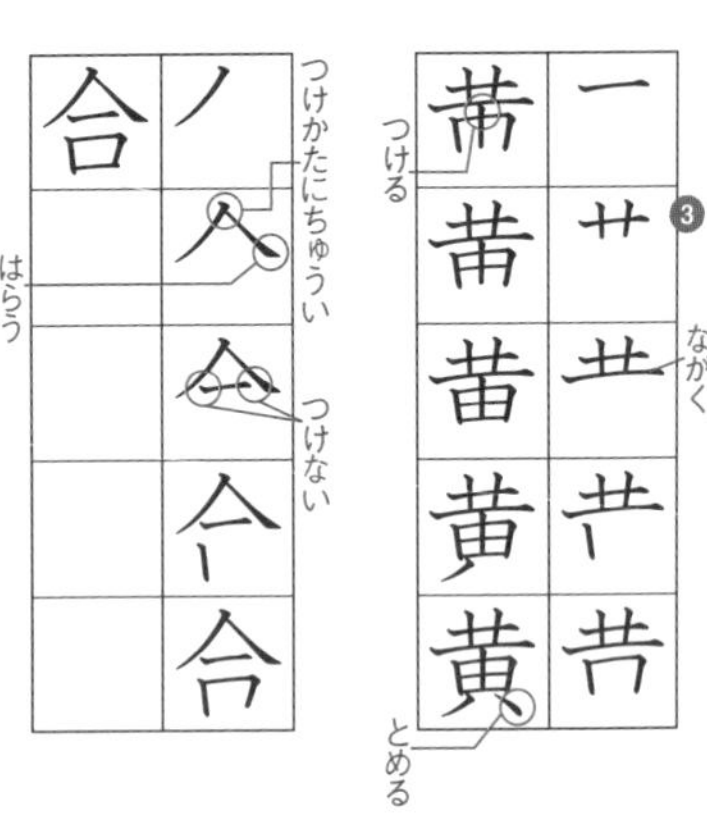

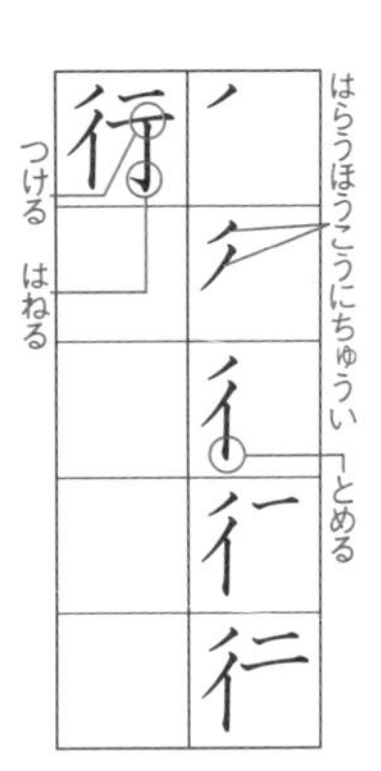

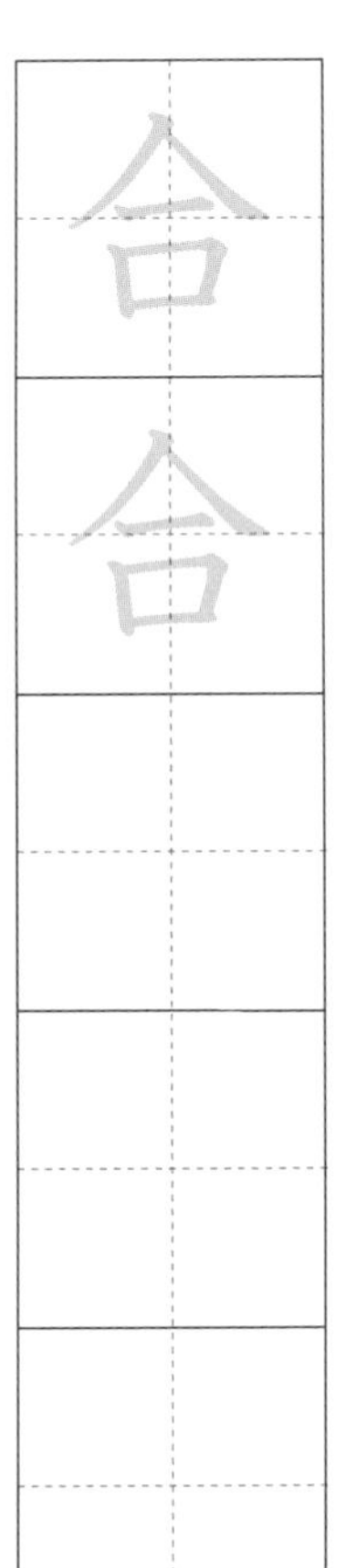
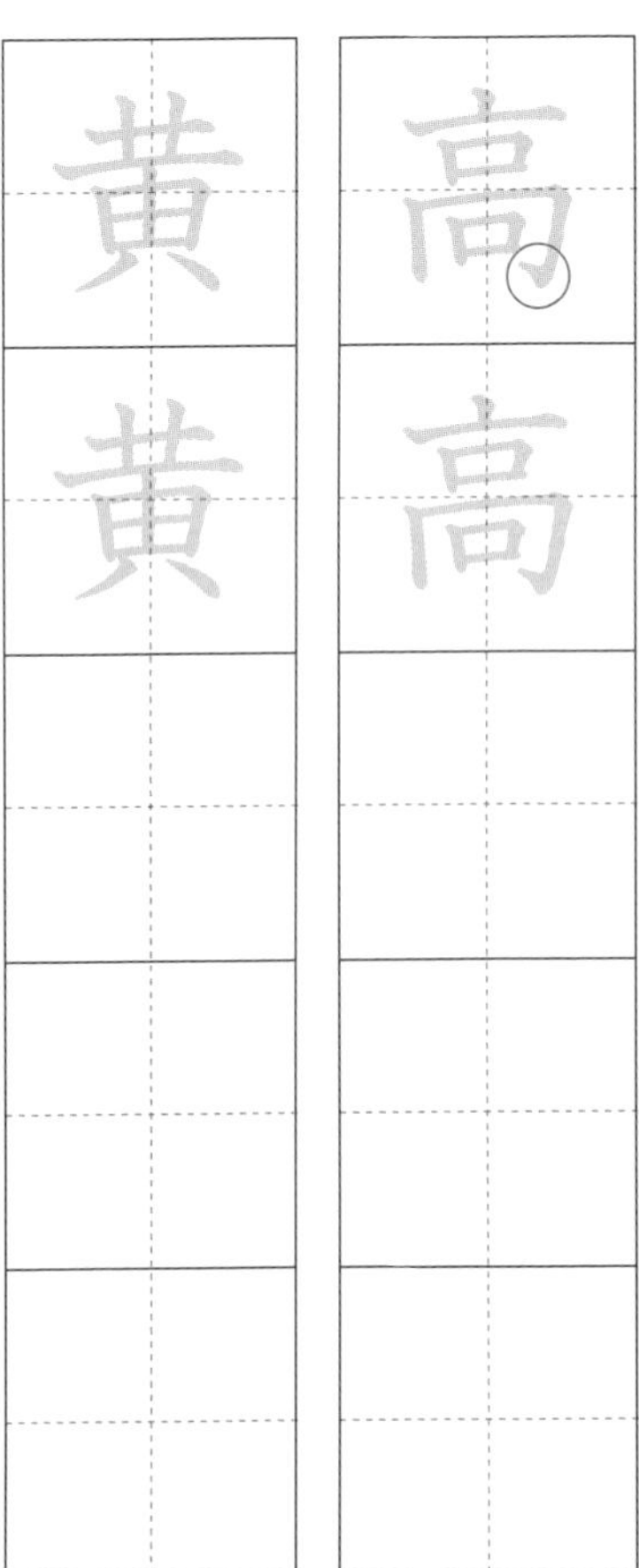
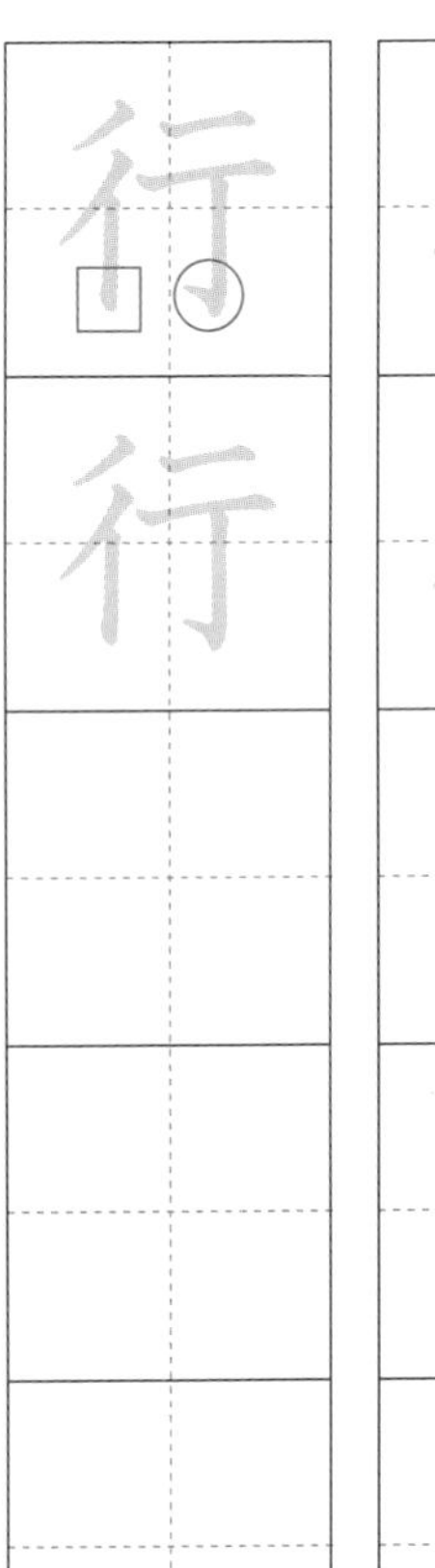

べんきょうした日　月　日

ステップ 10

漢字表は48・49ページ

細　才　今　黒　国　谷

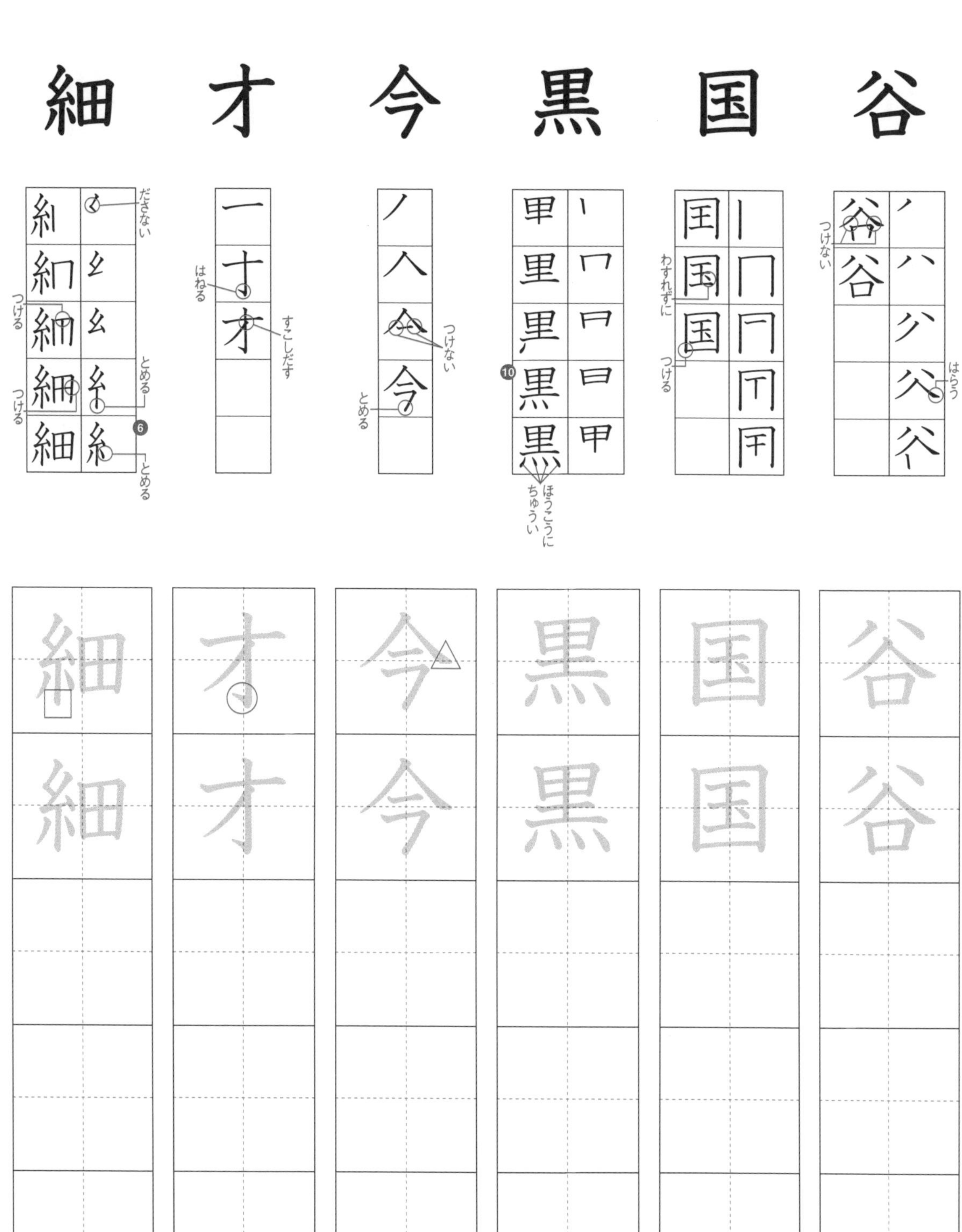

▶▶▶▶ 漢字表は56・57ページ

姉　矢　市　止　算　作

姉：おれる　とめる　はねる　すこしだす　たてにうつ
矢：ながく　つける　はらう
市：たてにうつ　つける　はねる
止：だす
算：11　6　ながく　だす　はらう　とめる　だす
作：とめる　つける　とめる

姉　矢　市　止　算　作
姉　矢　市　止　算　作

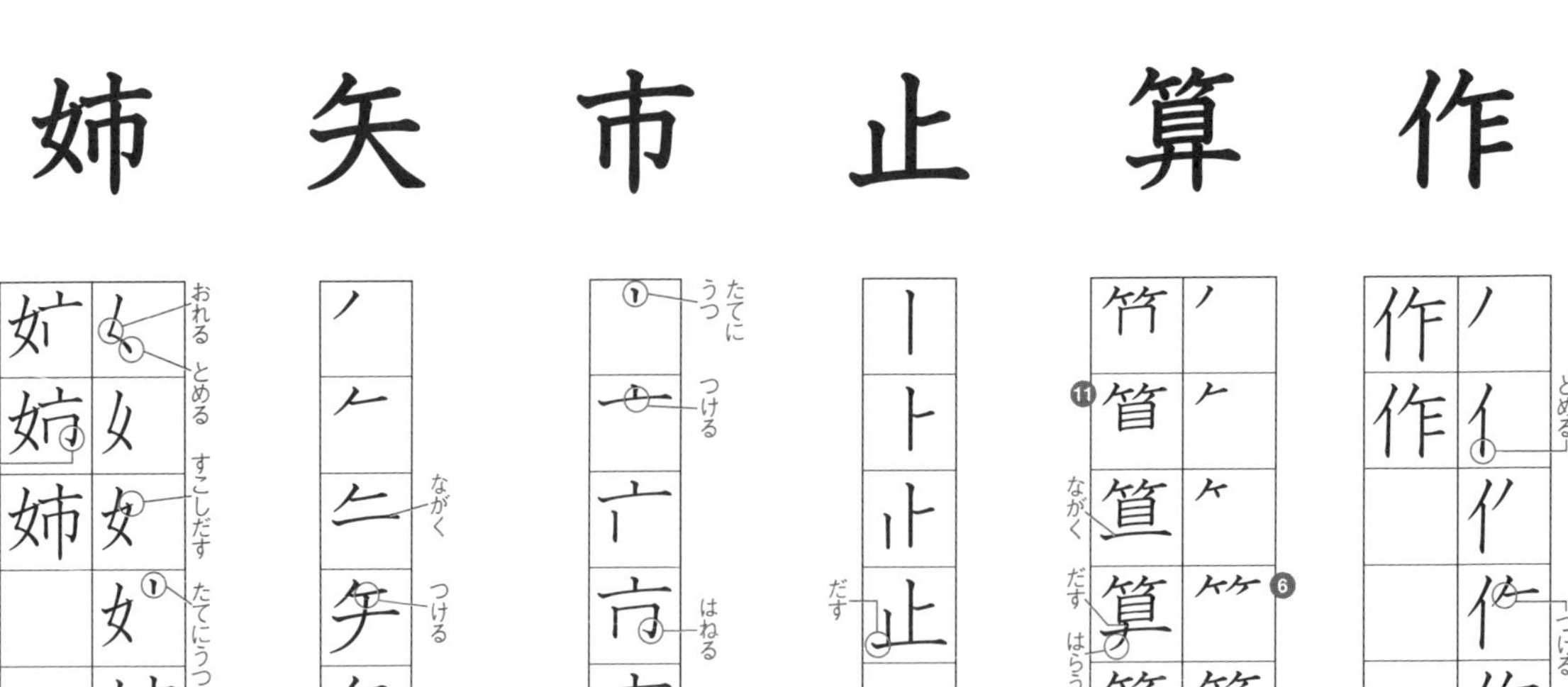

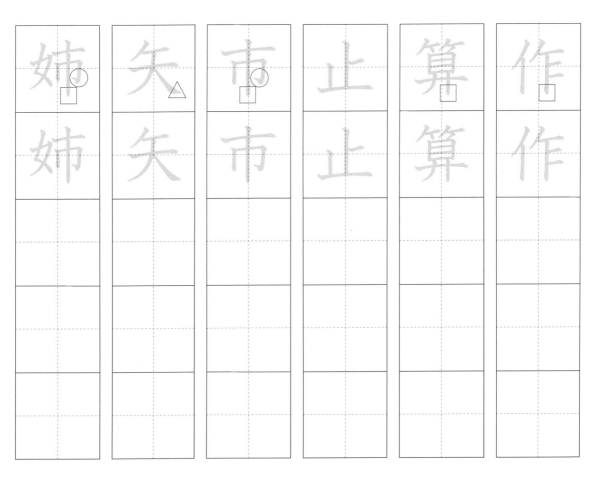

ステップ 12

漢字表は60・61ページ

室　時　自　寺　紙　思

ステップ13

漢字表は64・65ページ

春　週　秋　首　弱　社

ステップ 14

▶▶▶▶ 漢字表は68・69ページ

心　食　色　場　少　書

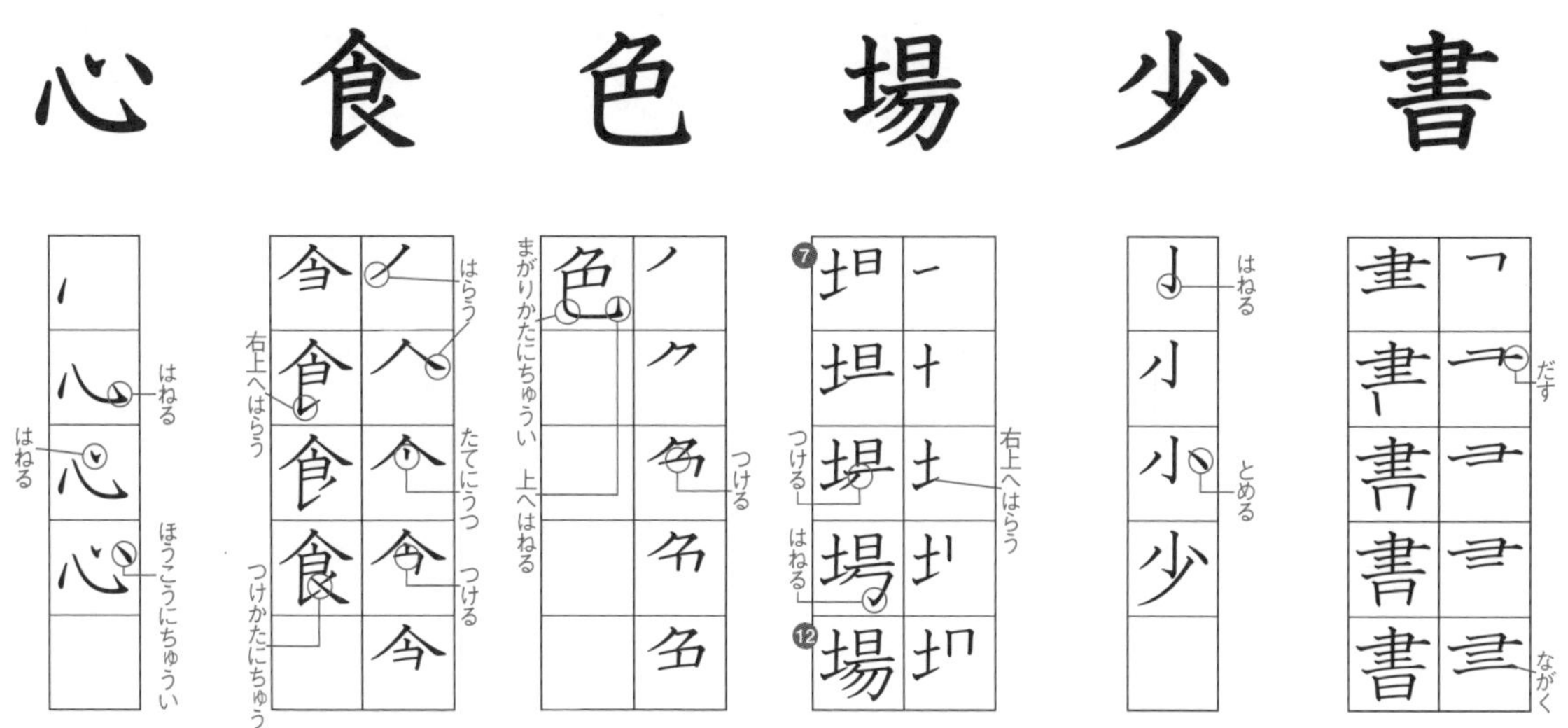

心 食 色 場 少 書

心 食 色 場 少 書

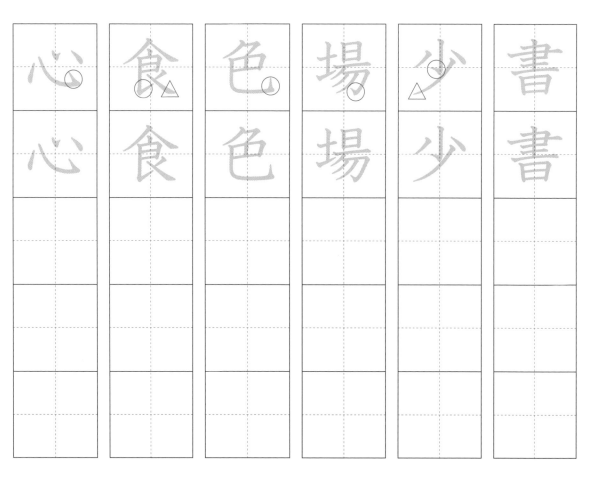

漢字表は72・73ページ

声　西　数　図　親　新

べんきょうした日　　月　　日

ステップ16

▶▶▶▶▶漢字表は80・81ページ

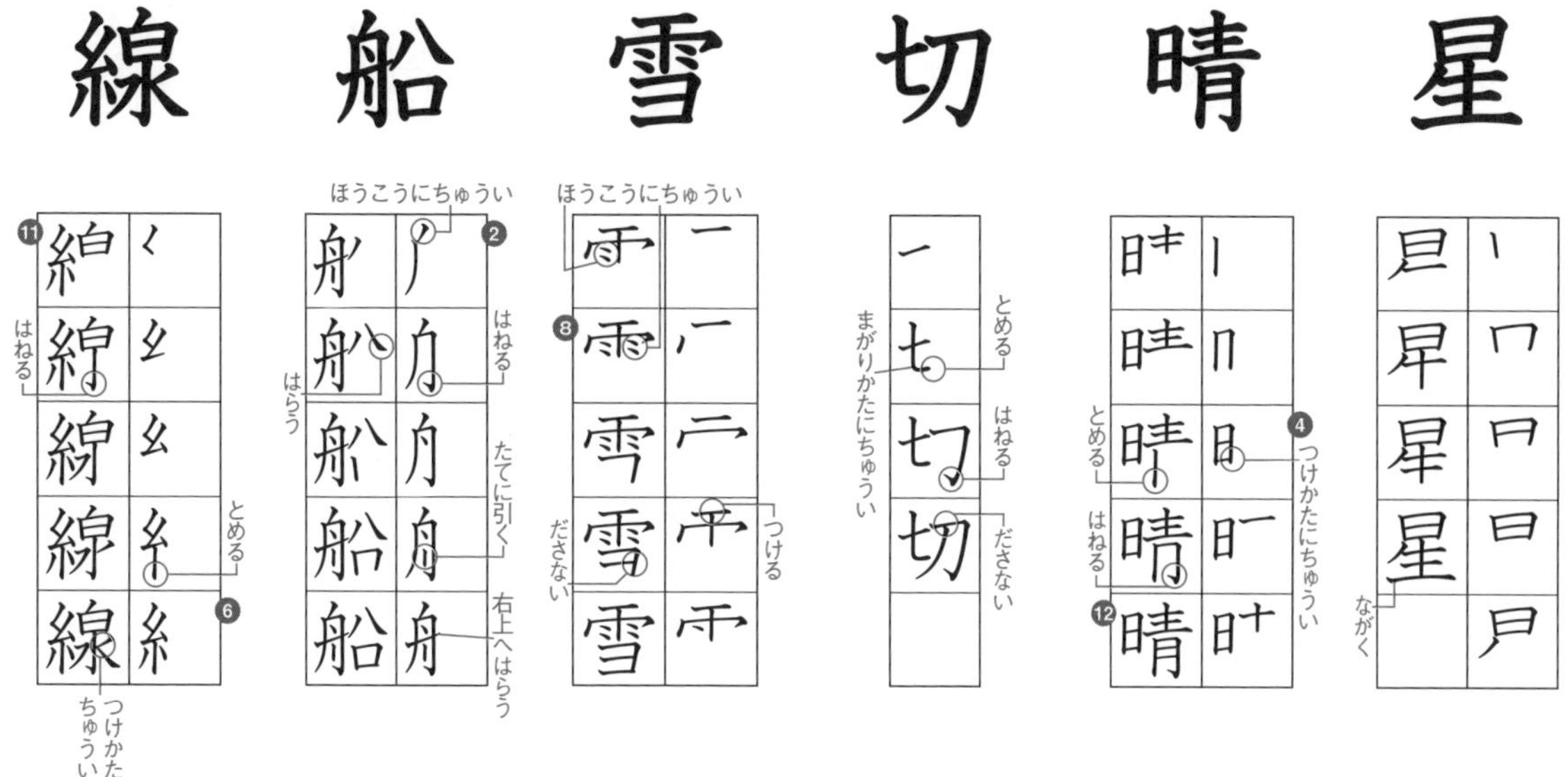

線 船 雪 切 晴 星

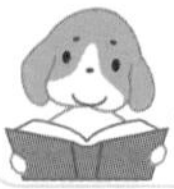

ステップ 17

漢字表は84・85ページ

体　太　多　走　組　前

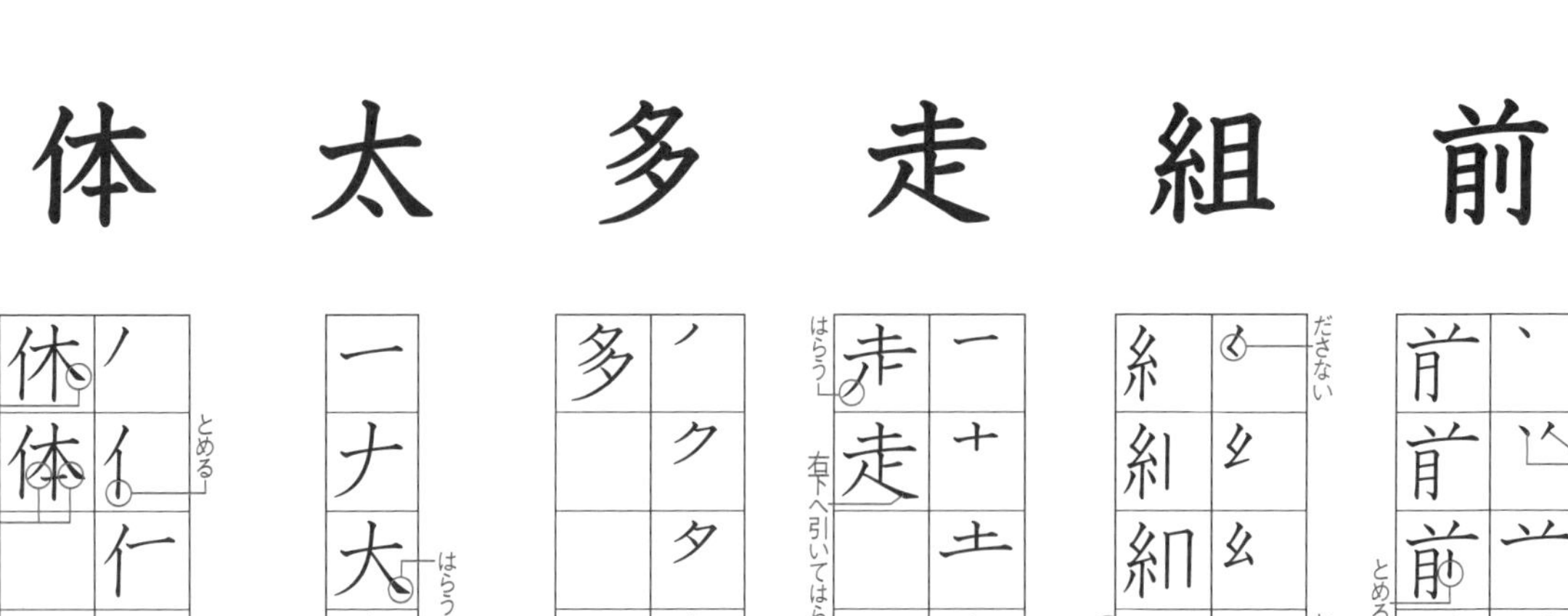

体　太　多　走　組　前
体　太　多　走　組　前

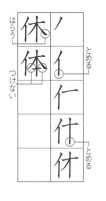

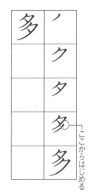

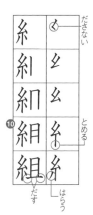

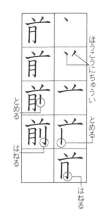

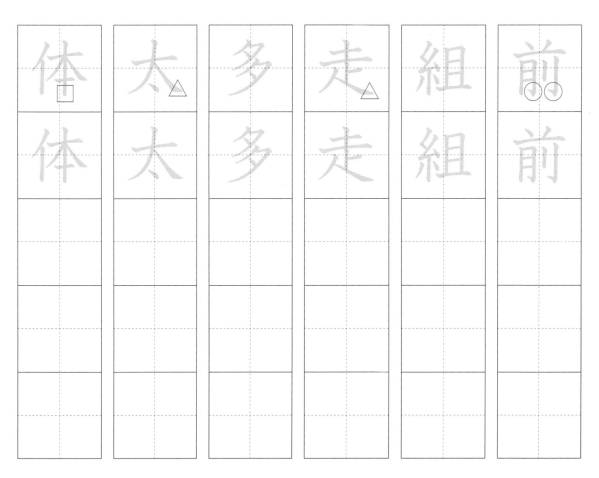

べんきょうした日　　月　　日

ステップ 18

漢字表は88・89ページ

昼　茶　知　池　地　台

昼：つけるところにちゅうい／はらう／ながく

茶：とめる／とめる／つけかたにちゅうい

知：つける／はらう／つける／とめる

池：上へはねる／ほうこうにちゅうい／右上へ／はねる

地：上へはねる／右上へはらう／はねる

台：とめる／つけかたにちゅうい

べんきょうした日　　月　　日

ステップ 19

漢字表は92・93ページ

弟　通　直　朝　鳥　長

弟：とめる　はらう　はねる

通：とめる　つけかたにちゅうい　はねる　はらう

直：たてに　つける　おれる

朝：つける　とめる　はらう　はねる　6　12

鳥：つけかたにちゅうい　はねる　ほうこうにちゅうい　10

長：つける　右上へはらう　つけかたにちゅうい　長く

弟　通　直　朝　鳥　長

弟　通　直　朝　鳥　長

ステップ20

漢字表は96・97ページ

当　冬　刀　電　点　店

べんきょうした日　月　日

ステップ21

漢字表は104・105ページ

読　道　同　頭　答　東

▶▶▶▶漢字表は108・109ページ

買　売　馬　肉　南　内

買：とめる　つける

売：みじかく　はねる　つけない　上へはねる

馬：はねる　ほうこうにちゅうい

肉：とめる　はねる　とめる　つけるところにちゅうい

南：とめる　はねる　とめる

内：とめる　はねる　とめる

▶▶▶▶漢字表は112・113ページ

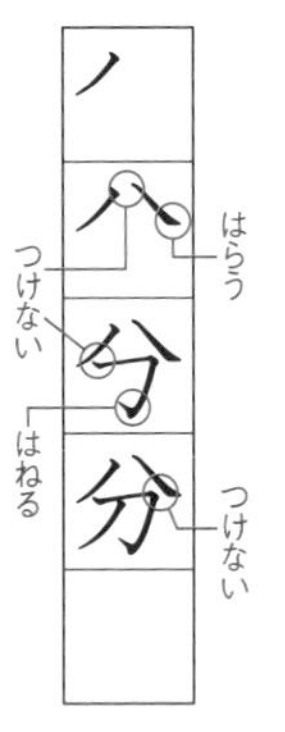

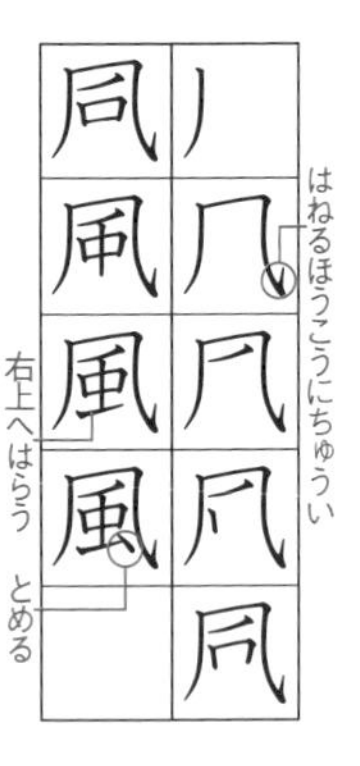

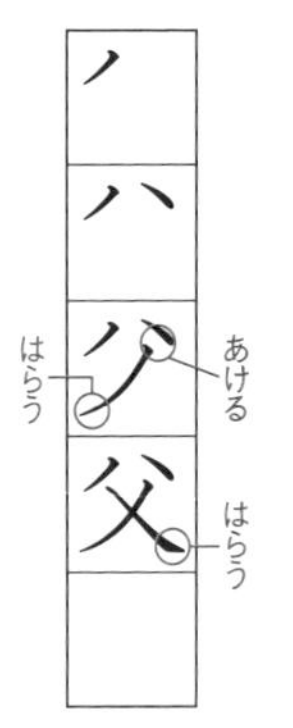

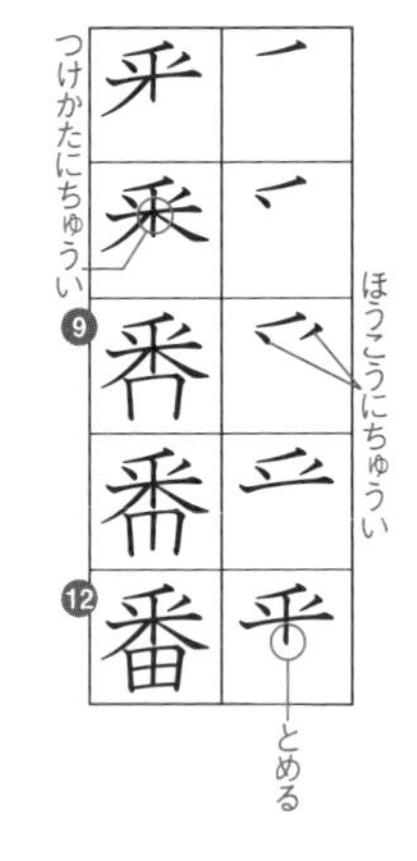

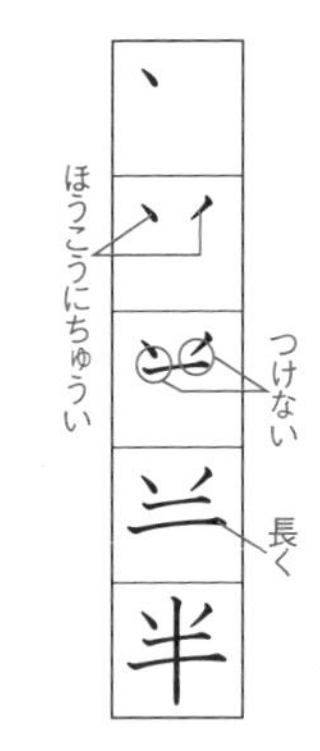

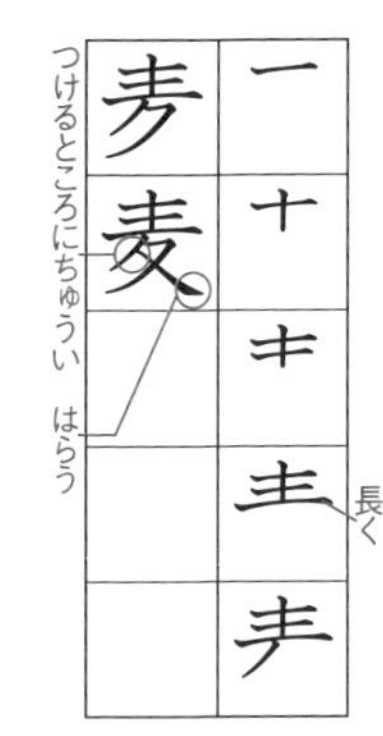

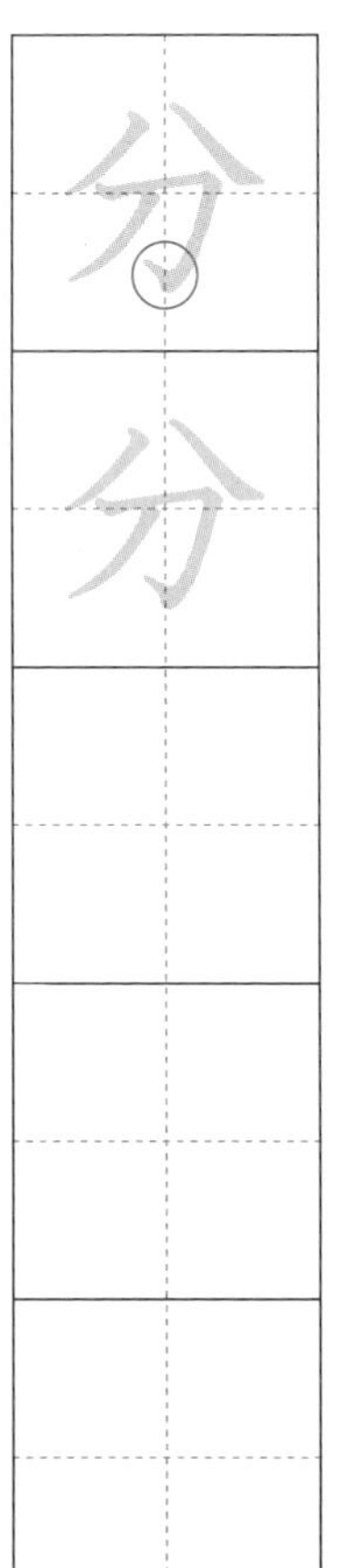
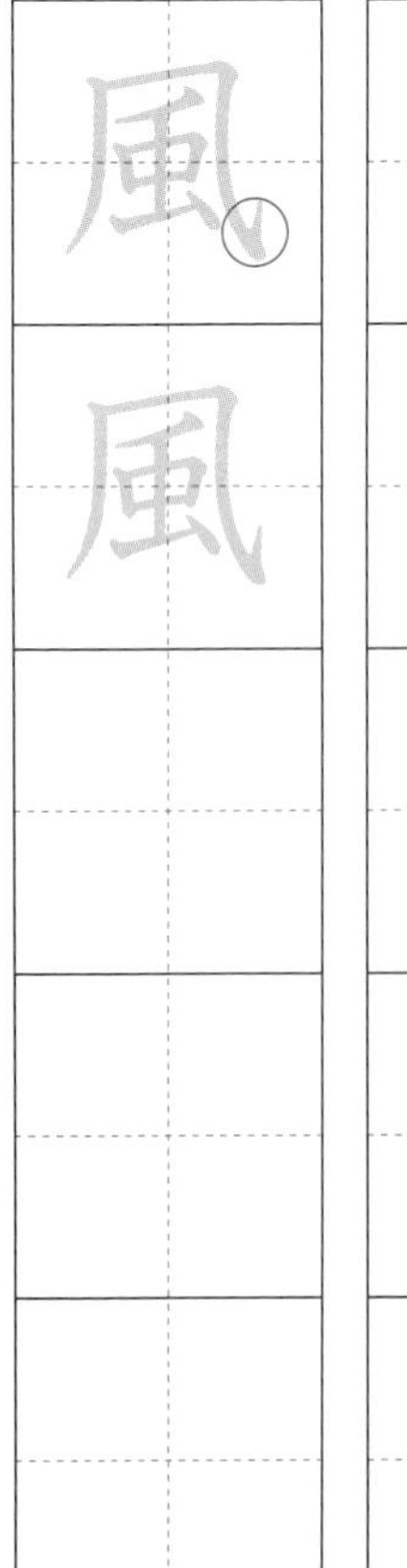
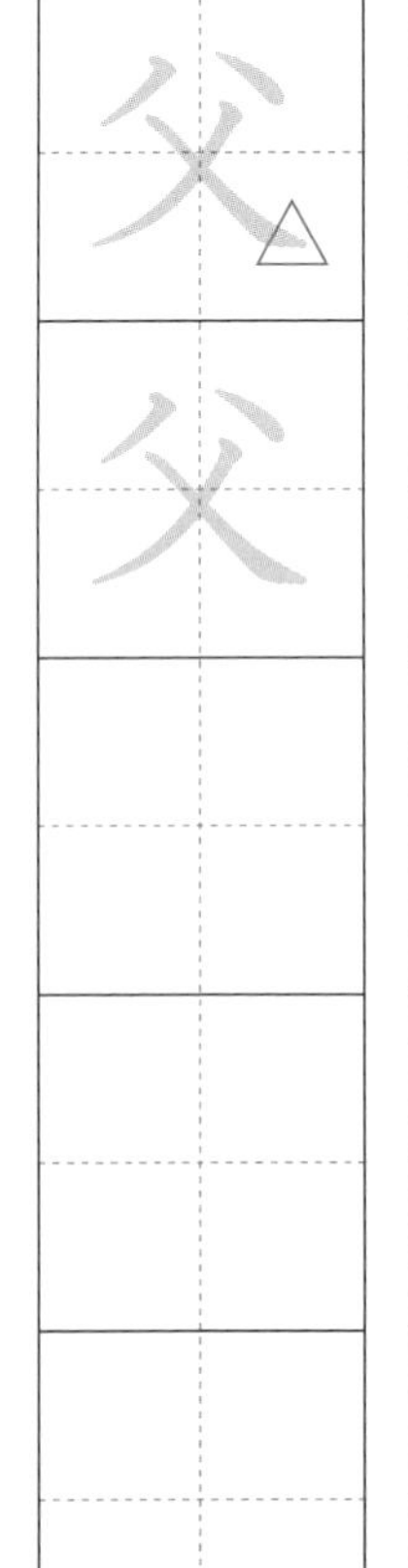
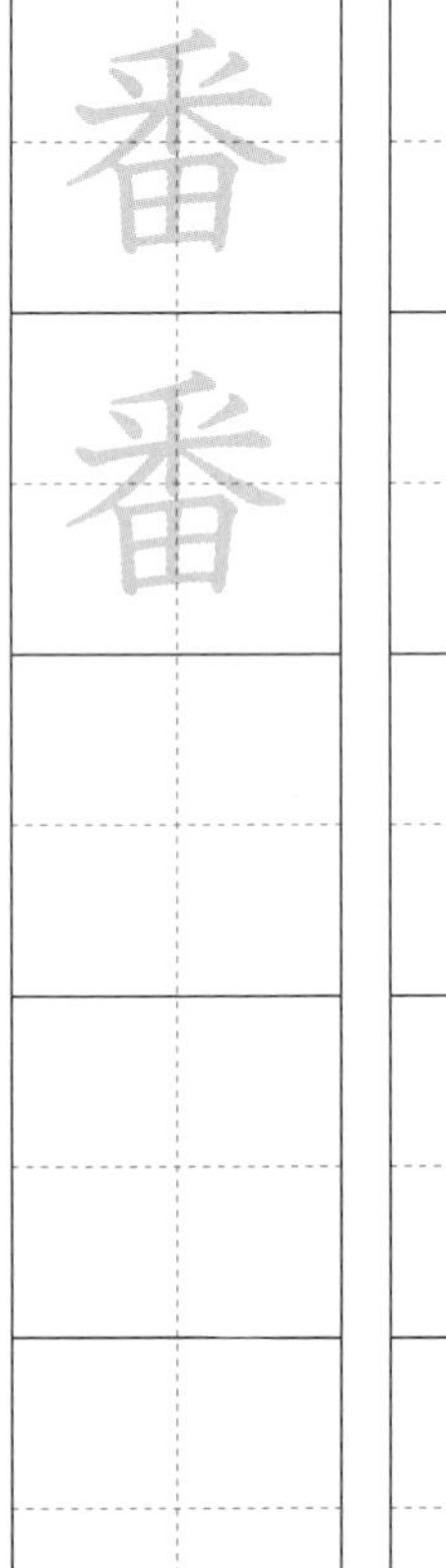
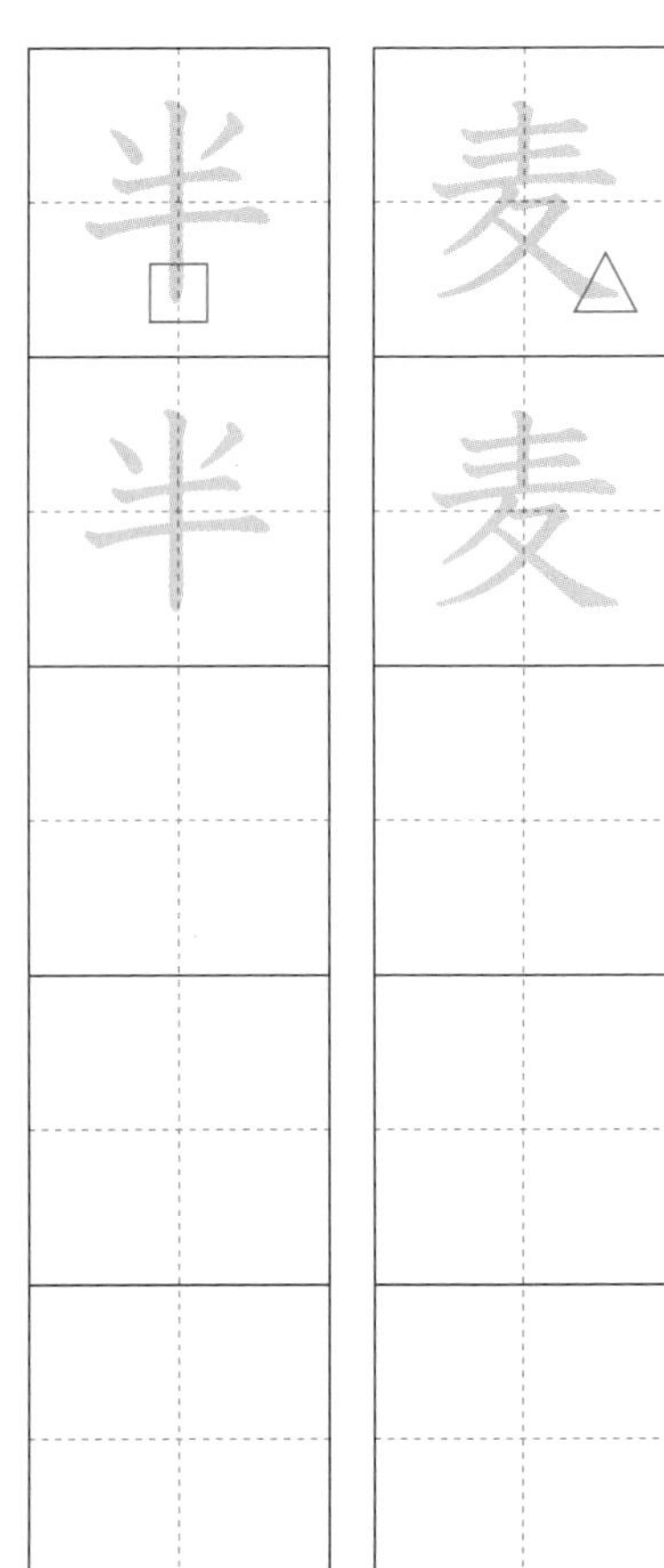

▶▶▶▶漢字表は116・117ページ

北　方　母　歩　米　聞

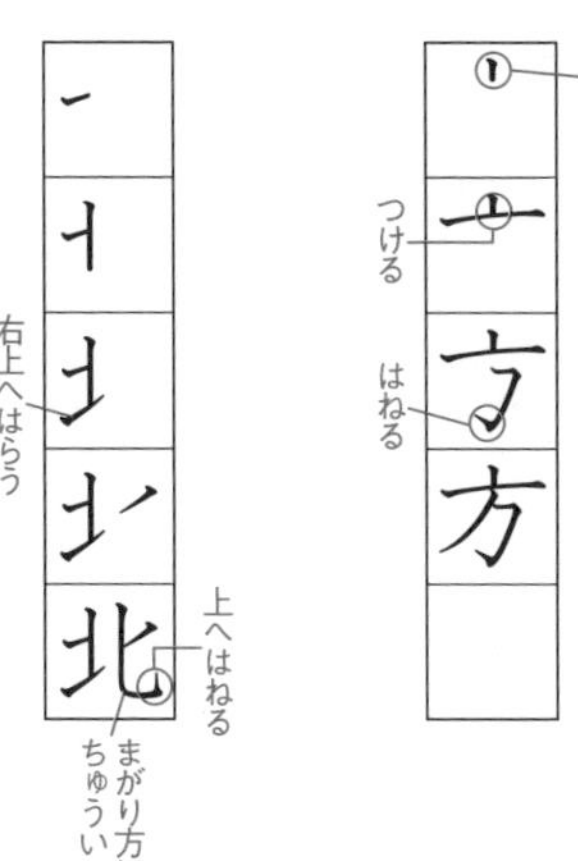

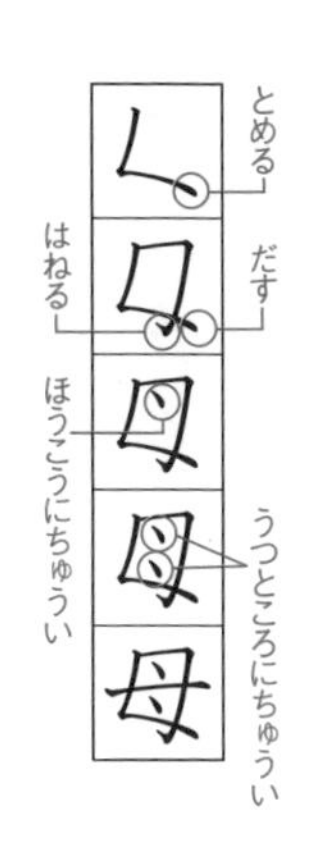

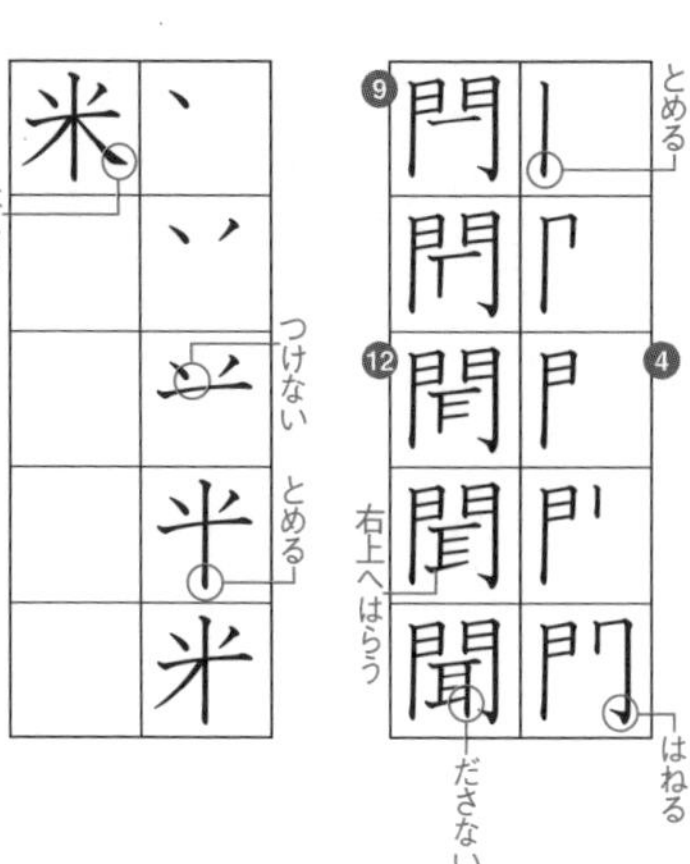

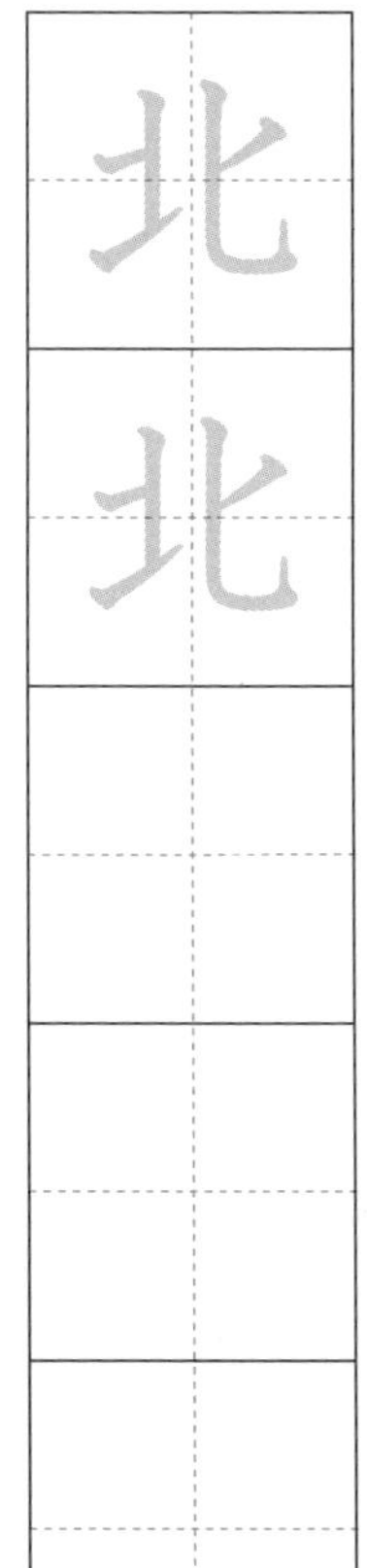
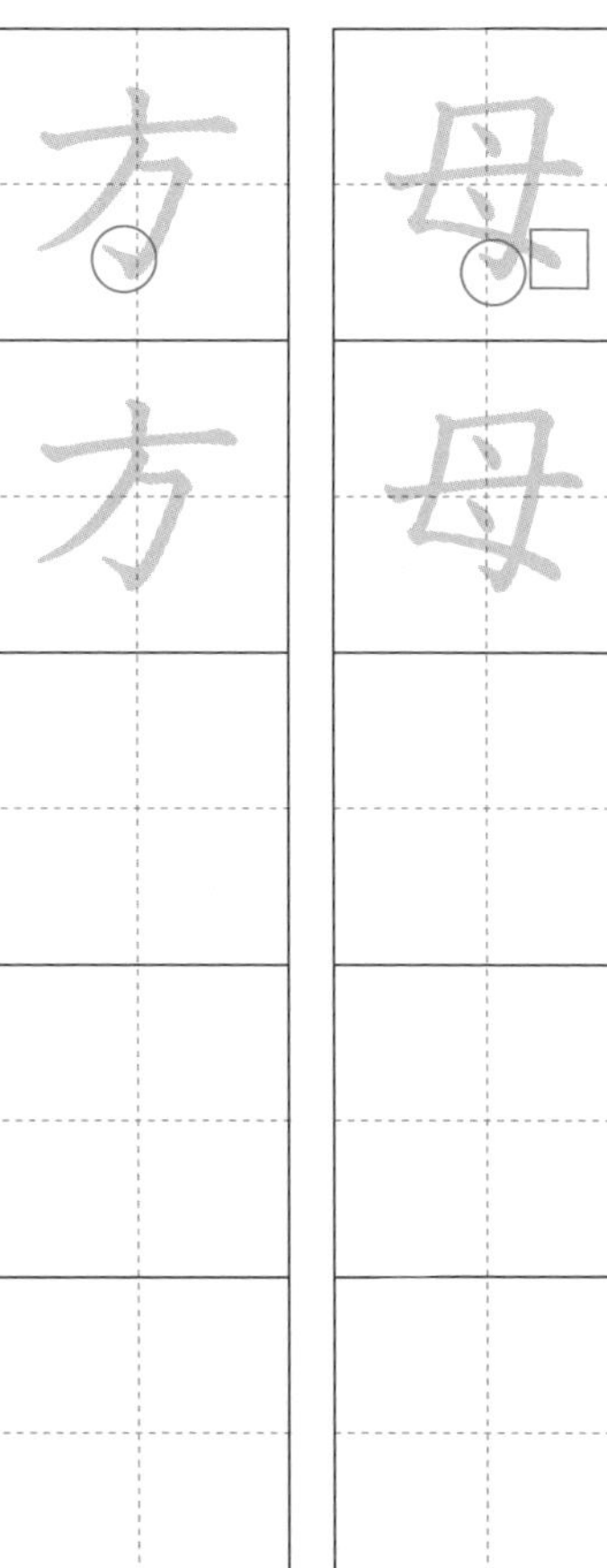
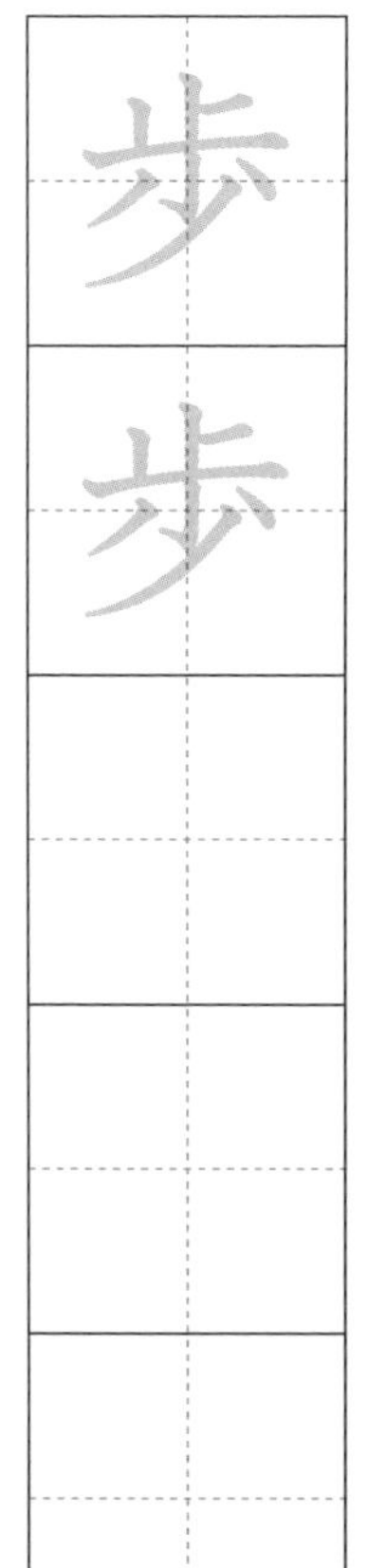
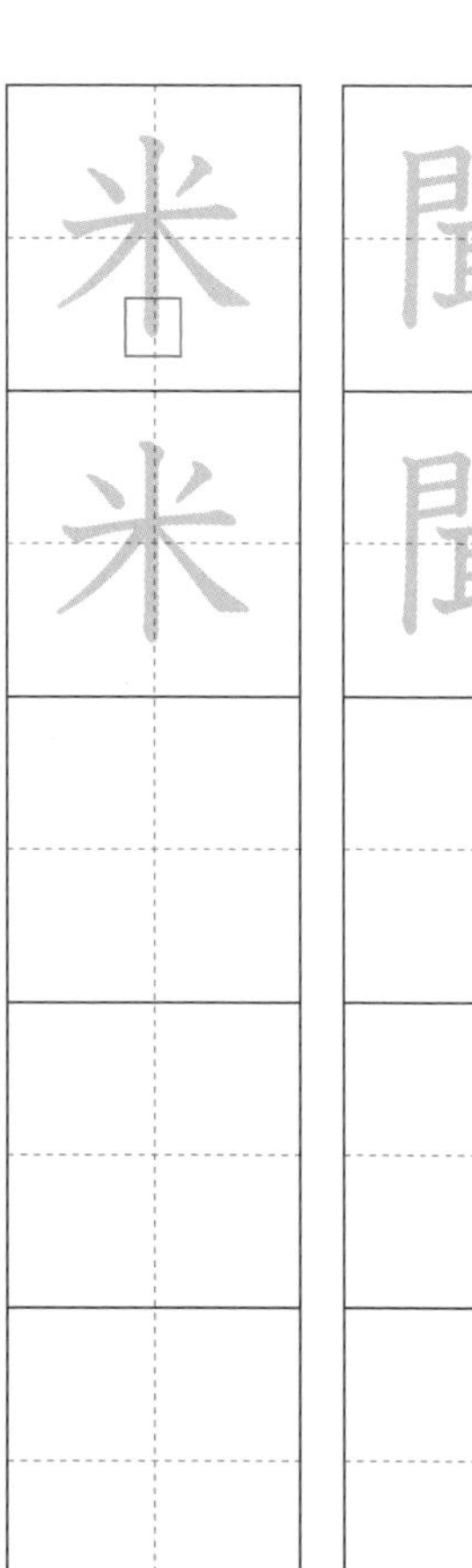

▶▶▶▶ 漢字表は120・121ページ

毛　鳴　明　万　妹　毎

▶▶▶▶ 漢字表は124・125ページ

曜　用　友　野　夜　門

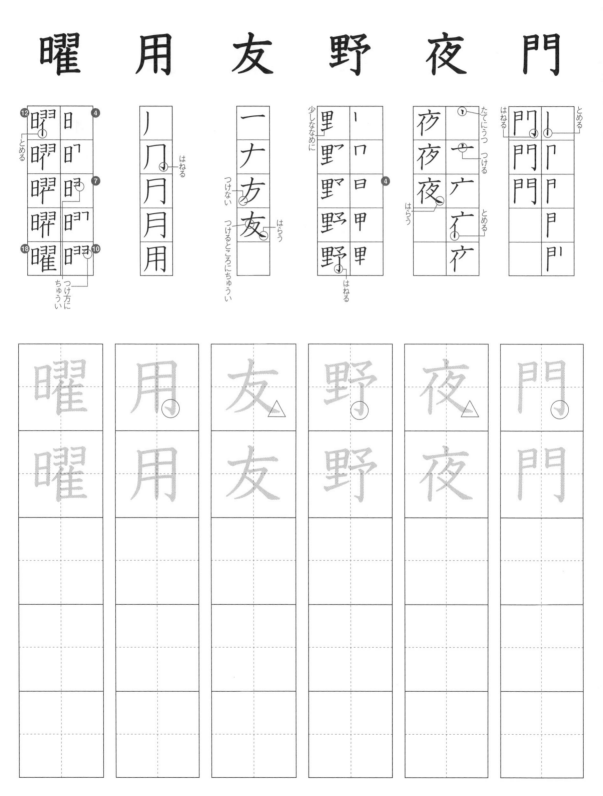

曜：とめる　つけ方にちゅうい

用：はねる

友：つけない　つけるところにちゅうい　はらう

野：少しななめに　はねる

夜：たてにうつ　つける　とめる　はらう

門：はねる　とめる

ステップ27

漢字表は128・129ページ

話　理　里　来

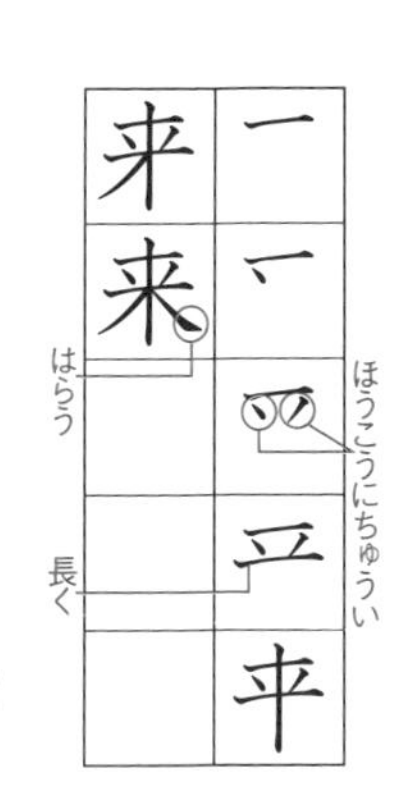

話　理　里　来
話　理　里　来

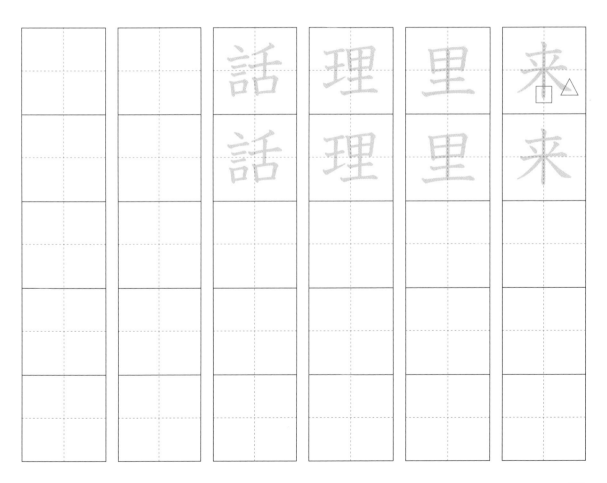

漢字って楽しい！

鳥 日 木 山

漢字は、むずかしそうにみえますが、絵からできた ものもあるのです。そう思って ながめて みたら、なんだか 漢字の 学習が楽しく なって きませんか。

「漢検」級別 主な出題内容

10級 …対象漢字数 80字
漢字の読み／漢字の書取／筆順・画数

9級 …対象漢字数 240字
漢字の読み／漢字の書取／筆順・画数

8級 …対象漢字数 440字
漢字の読み／漢字の書取／部首・部首名／筆順・画数／送り仮名／対義語／同じ漢字の読み

7級 …対象漢字数 642字
漢字の読み／漢字の書取／部首・部首名／筆順・画数／送り仮名／対義語／同音異字／三字熟語

6級 …対象漢字数 835字
漢字の読み／漢字の書取／部首・部首名／筆順・画数／送り仮名／対義語・類義語／同音・同訓異字／三字熟語／熟語の構成

5級 …対象漢字数 1026字
漢字の読み／漢字の書取／部首・部首名／筆順・画数／送り仮名／対義語・類義語／同音・同訓異字／誤字訂正／四字熟語／熟語の構成

4級 …対象漢字数 1339字
漢字の読み／漢字の書取／部首・部首名／送り仮名／対義語・類義語／同音・同訓異字／誤字訂正／四字熟語／熟語の構成

3級 …対象漢字数 1623字
漢字の読み／漢字の書取／部首・部首名／送り仮名／対義語・類義語／同音・同訓異字／誤字訂正／四字熟語／熟語の構成

準2級 …対象漢字数 1951字
漢字の読み／漢字の書取／部首・部首名／送り仮名／対義語・類義語／同音・同訓異字／誤字訂正／四字熟語／熟語の構成

2級 …対象漢字数 2136字
漢字の読み／漢字の書取／部首・部首名／送り仮名／対義語・類義語／同音・同訓異字／誤字訂正／四字熟語／熟語の構成

準1級 …対象漢字数 約3000字
漢字の読み／漢字の書取／故事・諺／対義語・類義語／同音・同訓異字／誤字訂正／四字熟語

1級 …対象漢字数 約6000字
漢字の読み／漢字の書取／故事・諺／対義語・類義語／同音・同訓異字／誤字訂正／四字熟語

※ここに示したのは出題分野の一例です。毎回すべての分野から出題されるとは限りません。また、このほかの分野から出題されることもあります。

日本漢字能力検定採点基準 最終改定：平成25年4月1日

❶ 採点の対象
筆画を正しく、明確に書かれた字を採点の対象とし、くずした字や、乱雑に書かれた字は採点の対象外とする。

❷ 字種・字体
① 2～10級の解答は、内閣告示「常用漢字表」（平成二十二年）による。ただし、旧字体での解答は正答とは認めない。
② 1級および準1級の解答は、『漢検要覧 1／準1級対応』（公益財団法人日本漢字能力検定協会発行）に示す「標準字体」「許容字体」「旧字体一覧表」による。

❸ 読み
① 2～10級の解答は、内閣告示「常用漢字表」（平成二十二年）による。
② 1級および準1級の解答には、①の規定は適用しない。

❹ 仮名遣い
仮名遣いは、内閣告示「現代仮名遣い」による。

❺ 送り仮名
送り仮名は、内閣告示「送り仮名の付け方」による。

❻ 部首
部首は、『漢検要覧 2～10級対応』（公益財団法人日本漢字能力検定協会発行）収録の「部首一覧表と部首別の常用漢字」による。

❼ 筆順
筆順の原則は、文部省編『筆順指導の手びき』（昭和三十三年）による。常用漢字一字一字の筆順は、『漢検要覧 2～10級対応』収録の「常用漢字の筆順一覧」による。

❽ 合格基準

級	満点	合格
1級／準1級／2級	二〇〇点	八〇％程度
準2級／3級／4級／5級／6級／7級	二〇〇点	七〇％程度
8級／9級／10級	一五〇点	八〇％程度

※部首、筆順は『漢検 漢字学習ステップ』など公益財団法人日本漢字能力検定協会発行図書でも参照できます。

日本漢字能力検定審査基準

10級

程度　小学校第1学年の学習漢字を理解し、文や文章の中で使える。

領域・内容

《読むことと書くこと》　小学校学年別漢字配当表の第1学年の学習漢字を読み、書くことができる。

《筆順》　点画の長短、接し方や交わり方、筆順および総画数を理解している。

9級

程度　小学校第2学年までの学習漢字を理解し、文や文章の中で使える。

領域・内容

《読むことと書くこと》　小学校学年別漢字配当表の第2学年までの学習漢字を読み、書くことができる。

《筆順》　点画の長短、接し方や交わり方、筆順および総画数を理解している。

8級

程度　小学校第3学年までの学習漢字を理解し、文や文章の中で使える。

領域・内容

《読むことと書くこと》　小学校学年別漢字配当表の第3学年までの学習漢字を読み、書くことができる。

- 音読みと訓読みとを理解していること
- 送り仮名に注意して正しく書けること（食べる、楽しい、後ろ　など）
- 対義語の大体を理解していること（勝つ―負ける、重い―軽い　など）
- 同音異字を理解していること（反対、体育、期待、太陽　など）

《筆順》　筆順、総画数を正しく理解している。

《部首》　主な部首を理解している。

7級

程度　小学校第4学年までの学習漢字を理解し、文章の中で正しく使える。

領域・内容

《読むことと書くこと》　小学校学年別漢字配当表の第4学年までの学習漢字を読み、書くことができる。

- 音読みと訓読みとを正しく理解していること
- 送り仮名に注意して正しく書けること（等しい、短い、流れる　など）
- 熟語の構成を知っていること
- 対義語の大体を理解していること（入学―卒業、成功―失敗　など）
- 同音異字を理解していること（健康、高校、公共、外交　など）

《筆順》　筆順、総画数を正しく理解している。

《部首》　部首を理解している。

6級

程度　小学校第5学年までの学習漢字を理解し、文章の中で漢字が果たしている役割を知り、正しく使える。

領域・内容

《読むことと書くこと》　小学校学年別漢字配当表の第5学年までの学習漢字を読み、書くことができる。

・音読みと訓読みとを正しく理解していること
・送り仮名や仮名遣いに注意して正しく書けること（求める、失うなど）
・熟語の構成を知っていること（上下、絵画、大木、読書、不明　など）
・対義語、類義語の大体を理解していること（禁止―許可、平等―均等など）
・同音・同訓異字を正しく理解していること

《筆順》　筆順、総画数を正しく理解している。

《部首》　部首を理解している。

5級

程度　小学校第6学年までの学習漢字を理解し、文章の中で漢字が果たしている役割に対する知識を身に付け、漢字を文章の中で適切に使える。

領域・内容

《読むことと書くこと》　小学校学年別漢字配当表の第6学年までの学習漢字を読み、書くことができる。

・音読みと訓読みとを正しく理解していること
・送り仮名や仮名遣いに注意して正しく書けること
・熟語の構成を知っていること
・対義語、類義語を正しく理解していること
・同音・同訓異字を正しく理解していること

《四字熟語》　四字熟語を正しく理解している（有名無実、郷土芸能　など）。

《筆順》　筆順、総画数を正しく理解している。

《部首》　部首を理解し、識別できる。

4級

程度　常用漢字のうち約1300字を理解し、文章の中で適切に使える。

領域・内容

《読むことと書くこと》　小学校学年別漢字配当表のすべての漢字と、その他の常用漢字約300字の読み書きを習得し、文章の中で適切に使える。

・音読みと訓読みとを正しく理解していること
・送り仮名や仮名遣いに注意して正しく書けること
・熟語の構成を正しく理解していること
・熟字訓、当て字を理解していること（小豆／あずき、土産／みやげなど）
・対義語、類義語、同音・同訓異字を正しく理解していること

《四字熟語》　四字熟語を理解している。

《部首》　部首を識別し、漢字の構成と意味を理解している。

3級

程度　常用漢字のうち約1600字を理解し、文章の中で適切に使える。

領域・内容

《読むことと書くこと》　小学校学年別漢字配当表のすべての漢字と、その他の常用漢字約600字の読み書きを習得し、文章の中で適切に使える。

・音読みと訓読みとを正しく理解していること
・送り仮名や仮名遣いに注意して正しく書けること
・熟語の構成を正しく理解していること
・熟字訓、当て字を理解していること（乙女／おとめ、風邪／かぜ　など）
・対義語、類義語、同音・同訓異字を正しく理解していること

《四字熟語》　四字熟語を理解している。

《部首》　部首を識別し、漢字の構成と意味を理解している。

※常用漢字とは、平成22年（2010年）11月30日付内閣告示による「常用漢字表」に示された2136字をいう。

準2級

程度　常用漢字のうち1951字を理解し、文章の中で適切に使える。

領域・内容

《読むことと書くこと》　1951字の漢字の読み書きを習得し、文章の中で適切に使える。

- 音読みと訓読みとを正しく理解していること
- 送り仮名や仮名遣いに注意して正しく書けること
- 熟語の構成を正しく理解していること
- 熟字訓、当て字を理解していること（硫黄／いおう、相撲／すもう　など）
- 対義語、類義語、同音・同訓異字を正しく理解していること

《四字熟語》　典拠のある四字熟語を理解している（驚天動地、孤立無援　など）。

《部首》　部首を識別し、漢字の構成と意味を理解している。

※1951字とは、昭和56年（1981年）10月1日付内閣告示による旧「常用漢字表」の1945字から「勺」「錘」「銑」「脹」「匁」の5字を除いたものに、現行の「常用漢字表」のうち、「茨」「媛」「岡」「熊」「埼」「鹿」「栃」「奈」「梨」「阪」「阜」の11字を加えたものを指す。

2級

程度　すべての常用漢字を理解し、文章の中で適切に使える。

領域・内容

《読むことと書くこと》　すべての常用漢字の読み書きに習熟し、文章の中で適切に使える。

- 音読みと訓読みとを正しく理解していること
- 送り仮名や仮名遣いに注意して正しく書けること
- 熟語の構成を正しく理解していること
- 熟字訓、当て字を理解していること（海女／あま、玄人／くろうと　など）
- 対義語、類義語、同音・同訓異字などを正しく理解していること

《四字熟語》　典拠のある四字熟語を理解している（鶏口牛後、呉越同舟　など）。

《部首》　部首を識別し、漢字の構成と意味を理解している。

準1級

程度　常用漢字を含めて、約3000字の漢字の音・訓を理解し、文章の中で適切に使える。

領域・内容

《読むことと書くこと》　常用漢字の音・訓を含めて、約3000字の漢字の読み書きに慣れ、文章の中で適切に使える。

- 熟字訓、当て字を理解していること
- 対義語、類義語、同音・同訓異字などを理解していること
- 国字を理解していること（峠、凧、畠　など）
- 複数の漢字表記について理解していること（國—国、交叉—交差　など）

《四字熟語・故事・諺》　典拠のある四字熟語、故事成語・諺を正しく理解している。

《古典的文章》　古典的文章の中での漢字・漢語を理解している。

※約3000字の漢字は、JIS第一水準を目安とする。

1級

程度　常用漢字を含めて、約6000字の漢字の音・訓を理解し、文章の中で適切に使える。

領域・内容

《読むことと書くこと》　常用漢字の音・訓を含めて、約6000字の漢字の読み書きに慣れ、文章の中で適切に使える。

- 熟字訓、当て字を理解していること
- 対義語、類義語、同音・同訓異字などを理解していること
- 国字を理解していること（怺える、毟る　など）
- 地名・国名などの漢字表記（当て字の一種）を知っていること
- 複数の漢字表記について理解していること（鹽—塩、颱風—台風　など）

《四字熟語・故事・諺》　典拠のある四字熟語、故事成語・諺を正しく理解している。

《古典的文章》　古典的文章の中での漢字・漢語を理解している。

※約6000字の漢字は、JIS第一・第二水準を目安とする。

※常用漢字とは、平成22年（2010年）11月30日付内閣告示による「常用漢字表」に示された2136字をいう。

個人受検の申し込みについて　申し込みから合否の通知まで

1 受検級を決める

受検資格　制限はありません

実施級　1、準1、2、準2、3、4、5、6、7、8、9、10級

検定会場　全国主要都市約170か所に設置
（実施地区は検定の回ごとに決定）

2 検定に申し込む

インターネットにてお申し込みください。

ホームページ https://www.kanken.or.jp/ からお申し込みができます（クレジットカード決済、コンビニ決済が可能です）。

下記の二次元コードから日本漢字能力検定協会ホームページへ簡単にアクセスできます。

※申込方法など、変更になることがございます。最新の情報はホームページをご確認ください。

注意

①家族・友人と同じ会場での受検を希望する方は、検定料のお支払い完了後、申込締切日の2営業日後までに協会（お問い合わせフォーム）までお知らせください。

②障がいがあるなど、身体的・精神的な理由により、受検上の配慮を希望される方は、申込締切日までに協会（お問い合わせフォーム）までご相談ください（申込締切日以降のお申し出には対応できかねます）。

③検定料を支払われた後は、受検級・受検地を含む内容変更および取り消し・返金は、いかなる場合もできません。また、次回以降の振り替え、団体受検や漢検CBTへの変更もできません。

3 受検票が届く

受検票は検定日の約1週間前にお届けします。4日前になっても届かない場合、協会までお問い合わせください。

お問い合わせ窓口

電話番号　フリーコール 0120-509-315（無料）
（海外からはご利用いただけません。ホームページよりメールでお問い合わせください。）

お問い合わせ時間　月～金　9時00分～17時00分
（祝日・お盆・年末年始を除く）
※検定日とその前日の土、日は開設
※検定日は9時00分～18時00分

メールフォーム　https://www.kanken.or.jp/kanken/contact/

4 検定日当日

検定時間
2級：10時00分～11時00分（60分間）
準2級：11時50分～12時50分（60分間）
8・9・10級：11時50分～12時30分（40分間）
1・3・5・7級：13時40分～14時40分（60分間）
準1・4・6級：15時30分～16時30分（60分間）

持ち物
受検票、鉛筆（HB、B、2Bの鉛筆またはシャープペンシル）、消しゴム
※ボールペン、万年筆などの使用は認められません。ルーペ持ち込み可。

注意

①会場への車での来場（送迎を含む）は、周辺の迷惑になりますのでご遠慮ください。
②検定開始時刻の15分前を目安に受検教室までお越しください。答案用紙の記入方法などを説明します。
③携帯電話やゲーム、電子辞書などは、電源を切り、かばんにしまってから入場してください。
④検定中は受検票を机の上に置いてください。
⑤答案用紙には、あらかじめ名前や生年月日などが印字されています。
⑥検定日の約5日後に漢検ホームページにて標準解答を公開します。

5 合否の通知

検定日の約40日後に、受検者全員に「検定結果通知」を郵送します。合格者には「合格証書」・「合格証明書」を同封します。欠席者には検定問題と標準解答をお送りします。受検票は検定結果が届くまで大切に保管してください。

注目

進学・就職に有利！ 合格者全員に合格証明書発行

大学・短大の推薦入試の提出書類に、また就職の際の履歴書に添付してあなたの漢字能力をアピールしてください。合格者全員に、合格証書と共に合格証明書を2枚、無償でお届けいたします。

合格証明書が追加で必要な場合は有償で再発行できます。

次の❶～❹を同封して、協会までお送りください。約1週間後、お手元にお届けします。

❶合格証明書再発行申請書（漢検ホームページよりダウンロード可能）もしくは氏名・住所・電話番号・生年月日、および受検年月日・受検級を明記したもの
❷本人確認資料（学生証、運転免許証、健康保険証など）のコピー
❸住所・氏名を表に明記し切手を貼った返信用封筒
❹証明書1枚につき発行手数料として500円の定額小為替

団体受検の申し込み

学校や企業などで志願者が一定以上まとまると、団体申込ができ、自分の学校や企業内で受検できる制度もあります。団体申込を扱っているかどうかは先生や人事関係の担当者に確認してください。

「漢検」受検の際の注意点

【字の書き方】

問題の答えは楷書で大きくはっきり書きなさい。乱雑な字や続け字、また、行書体や草書体のようにくずした字は採点の対象とはしません。

特に漢字の書き取り問題では、答えの文字は教科書体をもとにして、はねるところ、とめるところなどもはっきり書きましょう。また、画数に注意して、一画一画を正しく、明確に書きなさい。

《例》

○熱　×[illegible]
○言　×[illegible]
○糸　×[illegible]

【字種・字体について】

(1)日本漢字能力検定2〜10級においては、「常用漢字表」に示された字種で書きなさい。つまり、表外漢字（常用漢字表にない漢字）を用いると、正答とは認められません。

《例》

○交差点　×交叉点　（「叉」が表外漢字）
○寂しい　×淋しい　（「淋」が表外漢字）

(2)日本漢字能力検定2〜10級においては、「常用漢字表」に示された字体で書きなさい。なお、「常用漢字表」に参考として示されている康熙（こうき）字典体など、旧字体と呼ばれているものを用いると、正答とは認められません。

《例》

○真　×眞
○渉　×涉
○飲　×飮
○迫　×廹
○弱　×弱

(3)一部例外として、平成22年告示「常用漢字表」で追加された字種で、許容字体として認められているものや、その筆写文字と印刷文字との差が習慣の相違に基づくとみなせるものは正答と認めます。

《例》

餌 ⬇ 餌　と書いても可
遜 ⬇ 遜　と書いても可
葛 ⬇ 葛　と書いても可
溺 ⬇ 溺　と書いても可
箸 ⬇ 箸　と書いても可

注意

(3)において、どの漢字が当てはまるかなど、一字一字については、当協会発行図書（2級対応のもの）掲載の漢字表で確認してください。

公益財団法人 日本漢字能力検定協会

改訂二版

漢検

ワイド版

漢検 漢字学習 ステップ

漢検 公益財団法人 日本漢字能力検定協会

もくじ

この本で学習する漢字

音読みで五十音じゅん（アイウエオじゅん）にならんでいます。数字はこの本のページです。

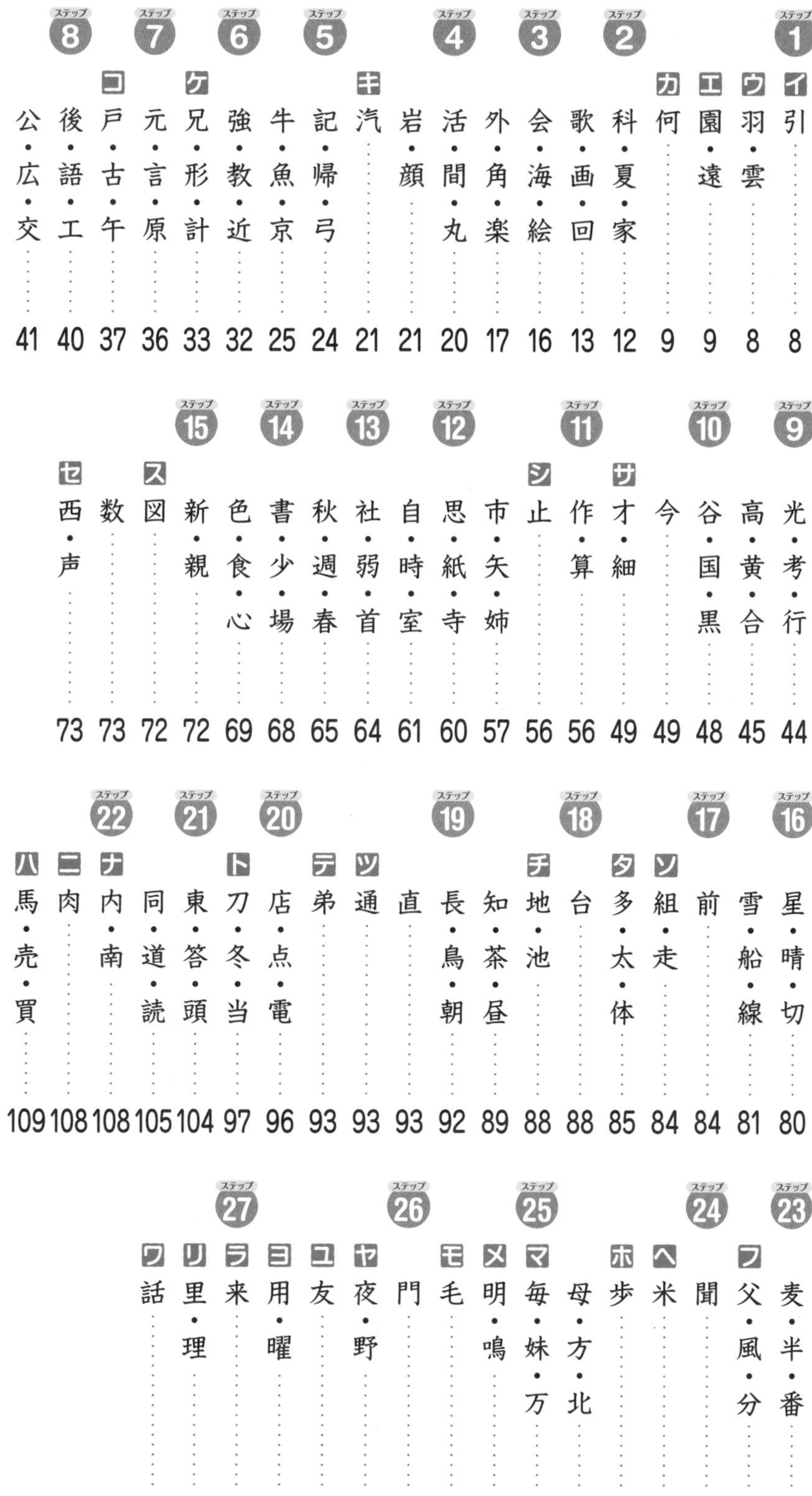

この本のつかいかた

この本は160字の漢字（小学校2年生でならう漢字）を中心に、楽しく学べるようになっています。漢字の力をつけ、日本漢字能力検定（漢検）9級のごうかくをめざしてください。

1 漢字表

1ステップにつき、6字ずつ漢字を学習しよう！

2 れんしゅうもんだい

もんだいをといてみよう！

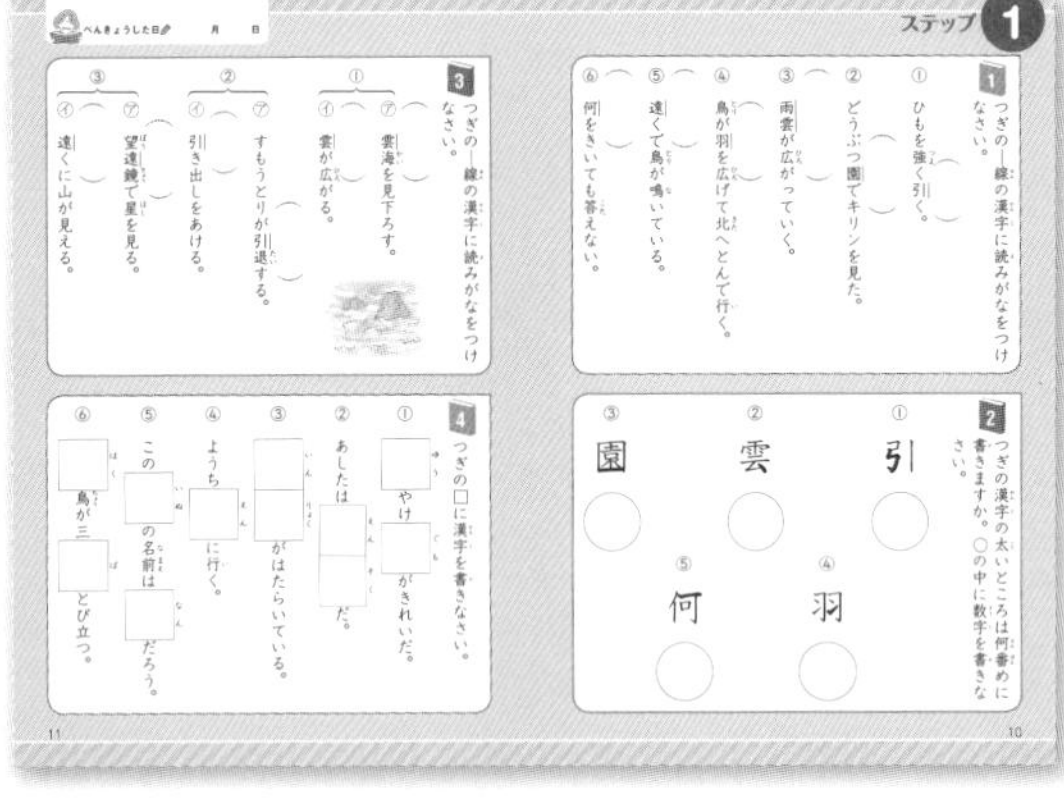

3 力だめし・まとめテスト

力だめしをしてみよう！

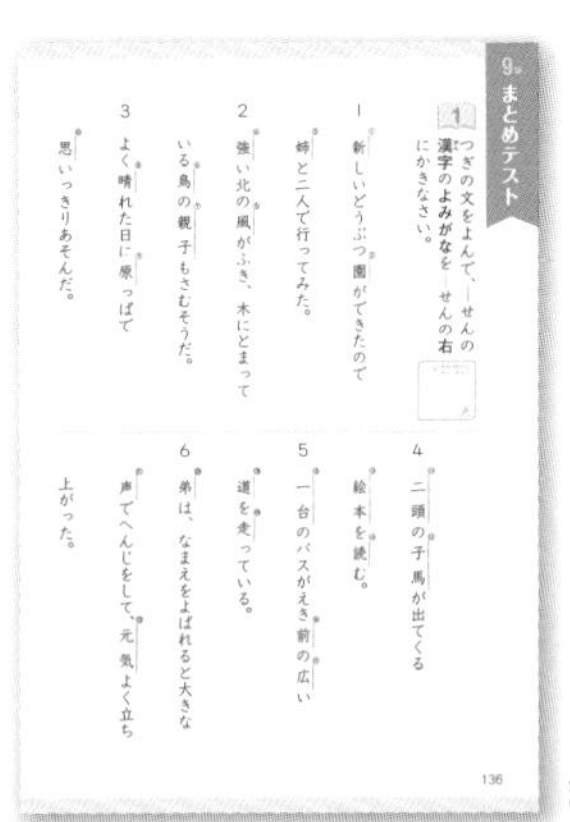

力だめしは5回

まとめテストは1回

1 漢字表

新しく学ぶ漢字

1ステップに6字ずつ、五十音じゅん(アイウエオじゅん)にならんでいます。

歩
ホ
ブ中
フ高
ある(く)
あゆ(む)
8画
ぶしゅ
止
ぶしゅめい
とめる

●ぶしゅ・ぶしゅめい

ぶしゅは漢字のぶんるい(なかまわけ)

ぶしゅめいはその名前

●読み

カタカナは音読み。ひらがなは訓読み。( )の中は、おくりがな。

㊥は中学校で学習する読みで、4級以上で出題対象となります。

㊫は高校で学習する読みで、準2級以上で出題対象となります。

●漢字の画数

漢字は、点や線の組み合わせでできています。この点や線を画といいます。この漢字が何画で書かれているかをしめしています。

ことばとつかいかた

ここにあげたもののほかにも、いろいろなことばとつかいかたがあります。

ことばとつかいかた
◎羽毛
羽子板
▲
白い羽
アヒルが三羽いる

◎上の級の読みかた
中学校または高校で習う読みかた

▲上の級(8/7/6級など)の漢字

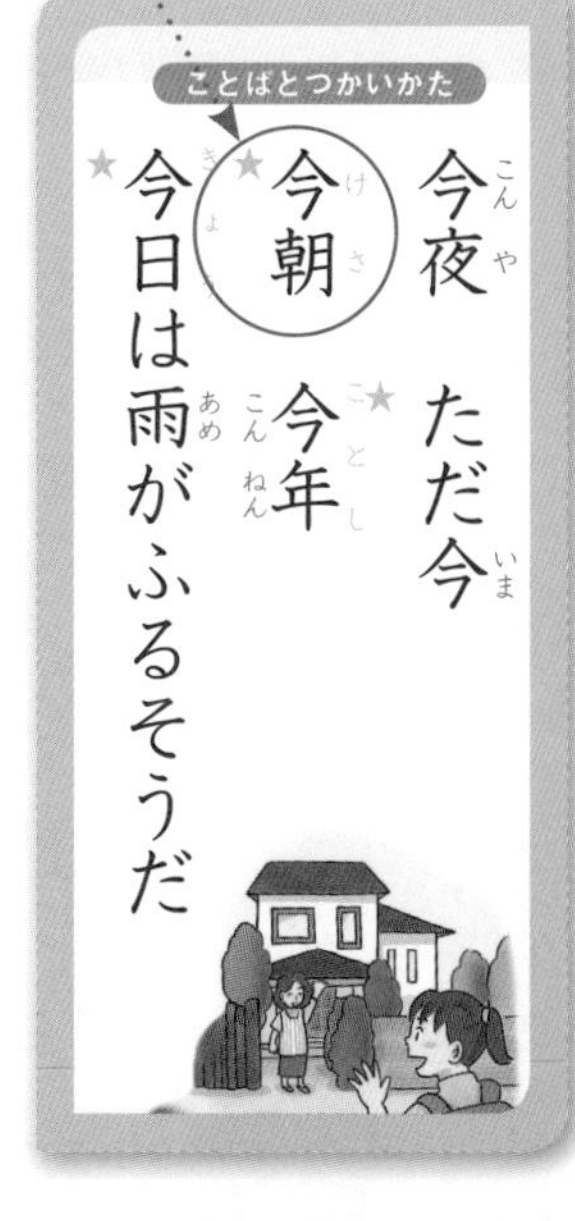

ことばとつかいかた
今夜
ただ今
☆今朝
☆今年
今日は雨がふるそうだ

☆とくべつな読みかた

じゅくご(漢字が二ついじょう組み合わされて、いみをもつ一つのことばになったもの)のなかには、ことばとして読むとき、「今朝」のように、とくべつな読みかたをするものがあります。

漢字れんしゅうノート

漢字を書いてみましょう。

漢字は、ステップのじゅんばんどおりに、れんしゅうできるようになっています。

＊ととのった漢字を書くためにちゅういするとよいこと

見本をみながら漢字を書いてみましょう。

2 れんしゅうもんだい

もんだいをといてみよう！

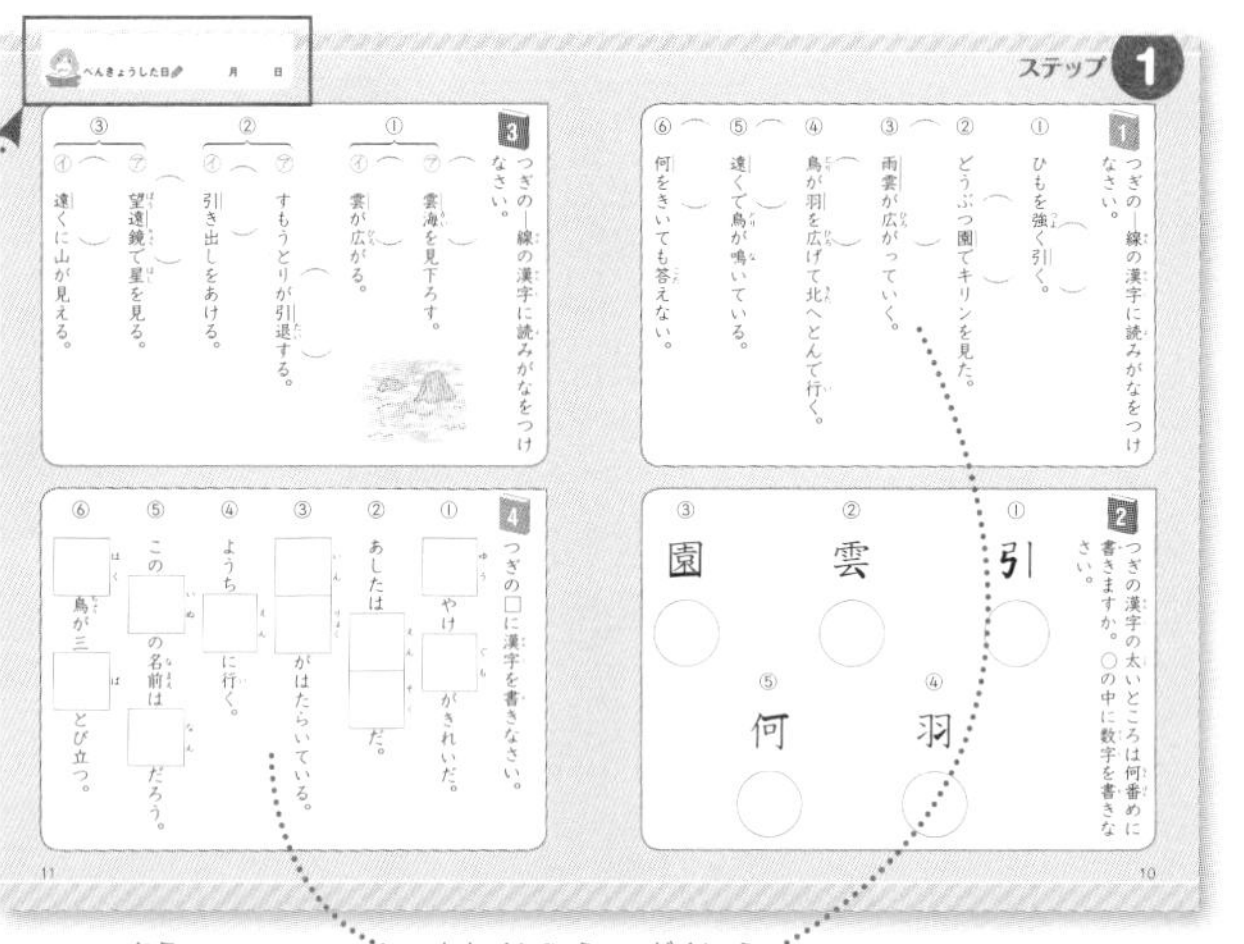

＊前のページの漢字表で学習した漢字がたくさん出ています。

べんきょうした日を書きこみましょう。

答えは、別冊（本からとりはずせます）にまとめました。本のさいごについています。

＊答えには、かいせつ「ステップアップメモ」もついています。

なくさないようにちゅういしましょう。

3 力だめし・まとめテスト

力をためしてみましょう。

ステップ5回分がおわったら、力だめしにチャレンジ。
さいごは、まとめテストにチャレンジしましょう。

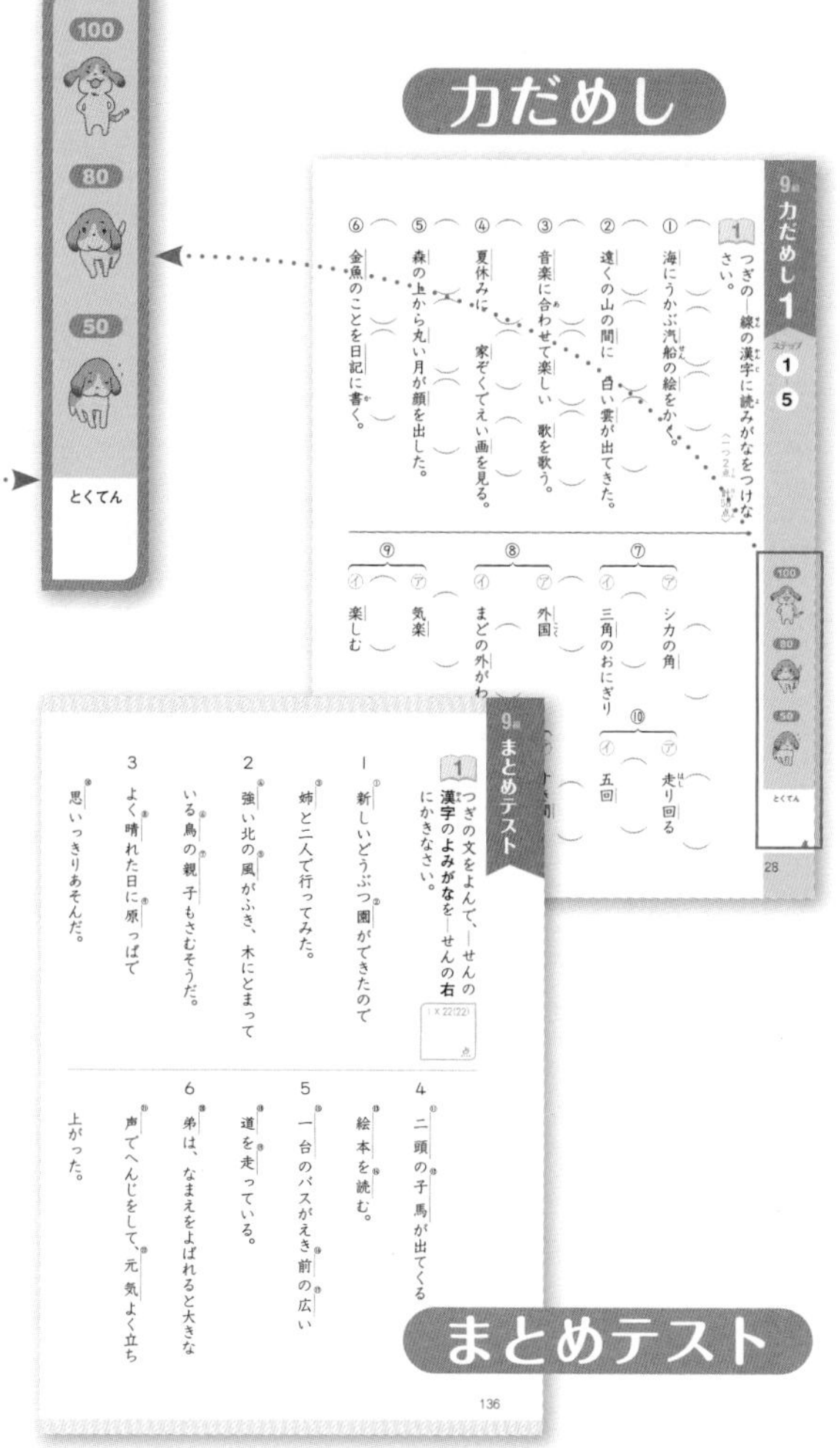

力だめし
9級 力だめし 1
ステップ 1 5
1 つぎの―線の漢字に読みがなをつけなさい。
① 海にうかぶ汽船の絵をかく。
② 遠くの山の間に白い雲が出てきた。
③ 音楽に合わせて楽しい歌を歌う。
④ 夏休みに家ぞくでえい画を見る。
⑤ 森の上から丸い月が顔を出した。
⑥ 金魚のことを日記に書く。
⑦ ㋐シカの角 ㋑三角のおにぎり
⑧ ㋐外国 ㋑まどの外がわ
⑨ ㋐気楽 ㋑楽しむ
⑩ ㋐走り回る ㋑五回
100
80
50
とくてん
28
9級 まとめテスト
1 つぎの文をよんで、―せんの漢字のよみがなを―せんの右にかきなさい。
1 新しいどうぶつ園ができたので姉と二人で行ってみた。
2 強い北の風がふき、木にとまっている鳥の親子もさむそうだ。
3 よく晴れた日に原っぱで思いっきりあそんだ。
4 二頭の子馬が出てくる絵本を読む。
5 一台のバスがえき前の広い道を走っている。
6 弟は、なまえをよばれると大きな声でへんじをして、元気よく立ち上がった。
136
まとめテスト

100
80
50
とくてん

答え合わせをしたら、とくてんを書きこみましょう。

クイズであそぼ！

力だめしのあとには、たのしいクイズのページがあります。

引

イン
ひ(く)
ひ(ける)

4画(かく)

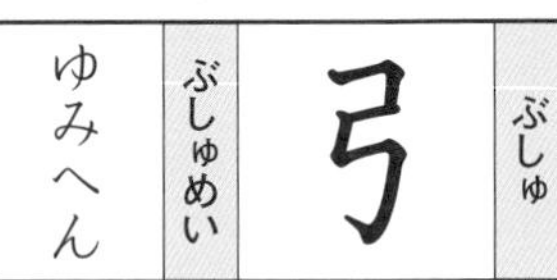
ぶしゅ 弓
ぶしゅめい ゆみへん

ことばとつかいかた

引力(いんりょく)　引き算(ひきざん)

つな引き(ひき)

遠く(とおく)に引っこす(ひっこす)

羽

ウ㊥
は
はね

6画

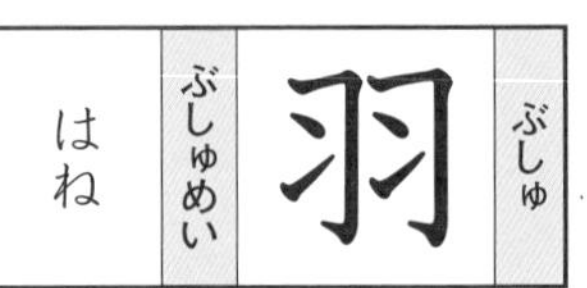
ぶしゅ 羽
ぶしゅめい はね

ことばとつかいかた

◎羽毛(うもう)　羽子板▲(はごいた)

白い(しろい)羽(はね)

アヒルが三羽(さんば)いる

雲

ウン
くも

12画

ぶしゅ 雨
ぶしゅめい あめかんむり

ことばとつかいかた

雲海(うんかい)

入道雲(にゅうどうぐも)

今夜(こんや)は空(そら)に雲(くも)がない

園

13画

エン
その㊥

ぶしゅ	ぶしゅめい
口	くにがまえ

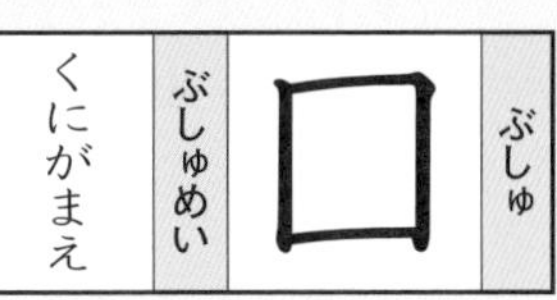

ことばとつかいかた

▲遊園地（ゆうえんち）
◎花園（はなぞの）
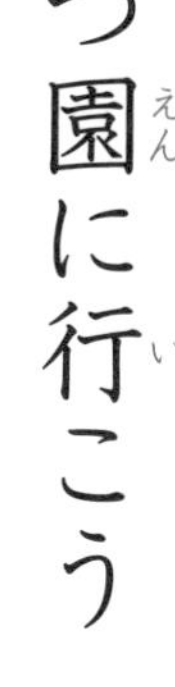
どうぶつ園（えん）に行（い）こう

遠

13画

エン
オン㊤
とお（い）

ぶしゅ	ぶしゅめい
辶	しんにょう しんにゅう

ことばとつかいかた

遠足（えんそく）
▲◎久遠（くおん）
遠（とお）い山（やま）
遠（とお）あさの海（うみ）であそぶ

何

7画

カ㊥
なに
なん

ぶしゅ	ぶしゅめい
亻	にんべん

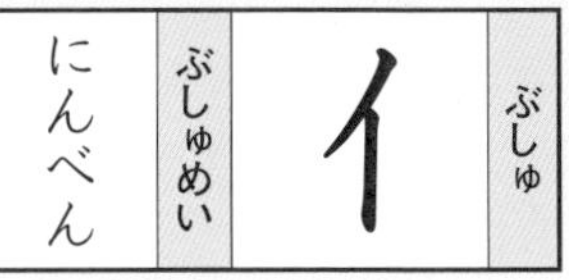

ことばとつかいかた

▲◎幾何学（きかがく）　何回（なんかい）
おやつは何（なに）かな？
★今日（きょう）は何曜日（なんようび）？

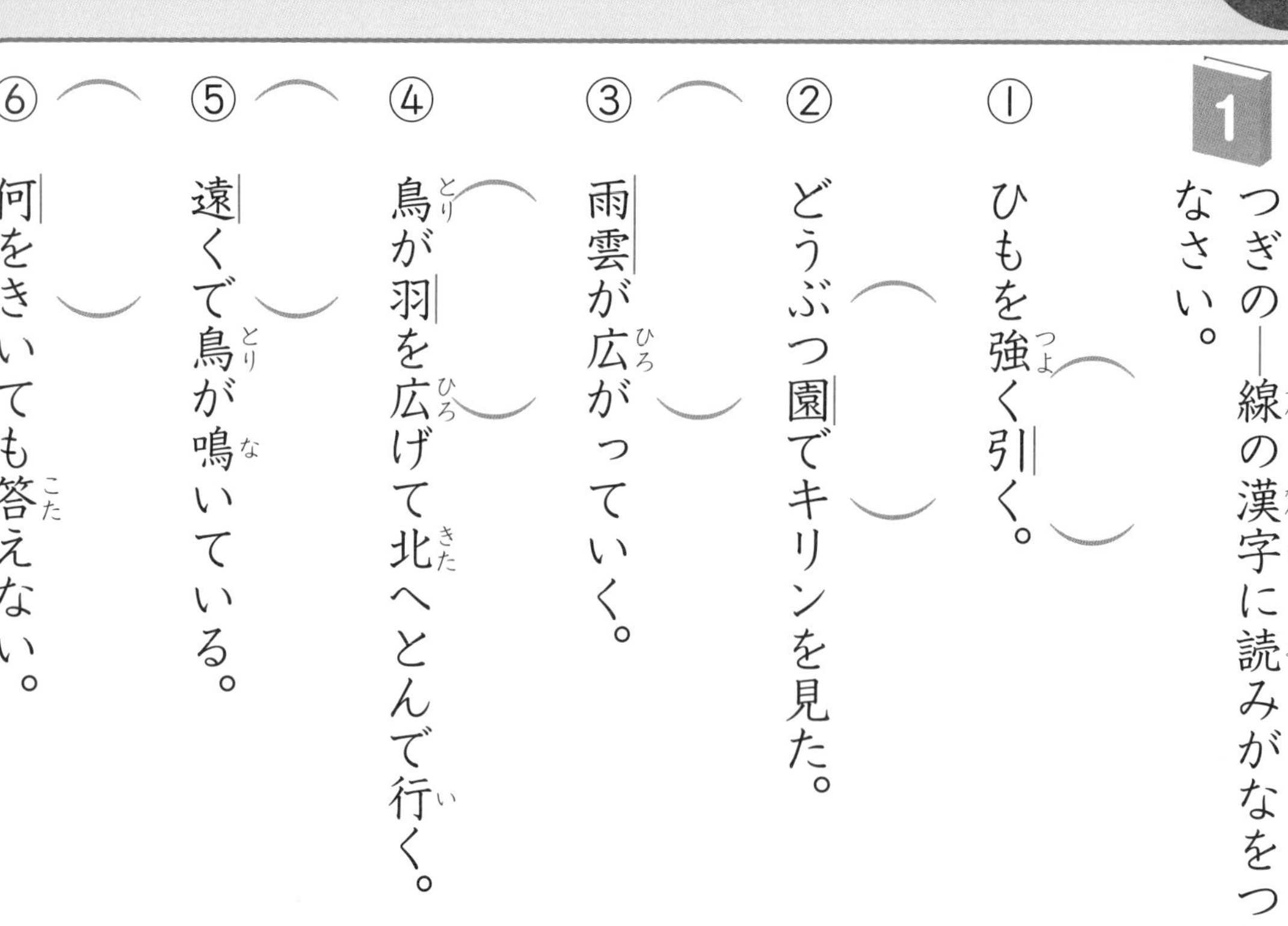

1 つぎの―線の漢字に読みがなをつけなさい。

① ひもを強く引く。（　）（　）
② どうぶつ園でキリンを見た。（　）
③ 雨雲が広がっていく。（　）（　）
④ 鳥が羽を広げて北へとんで行く。（　）
⑤ 遠くで鳥が鳴いている。（　）（　）
⑥ 何をきいても答えない。（　）（　）

2 つぎの漢字の太いところは何番めに書きますか。○の中に数字を書きなさい。

① 引 ○
② 雲 ○
③ 園 ○
④ 羽 ○
⑤ 何 ○

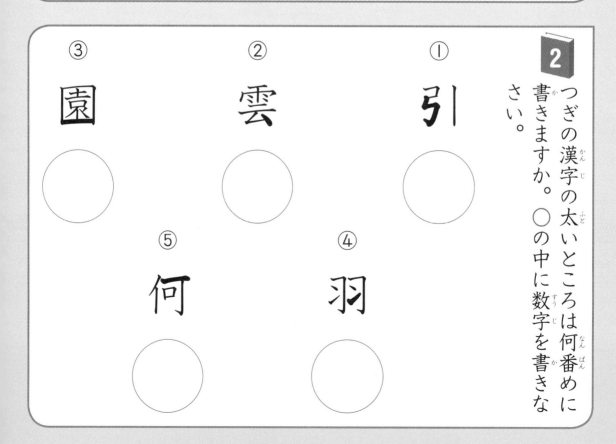

3 つぎの―線の漢字に読みがなをつけなさい。

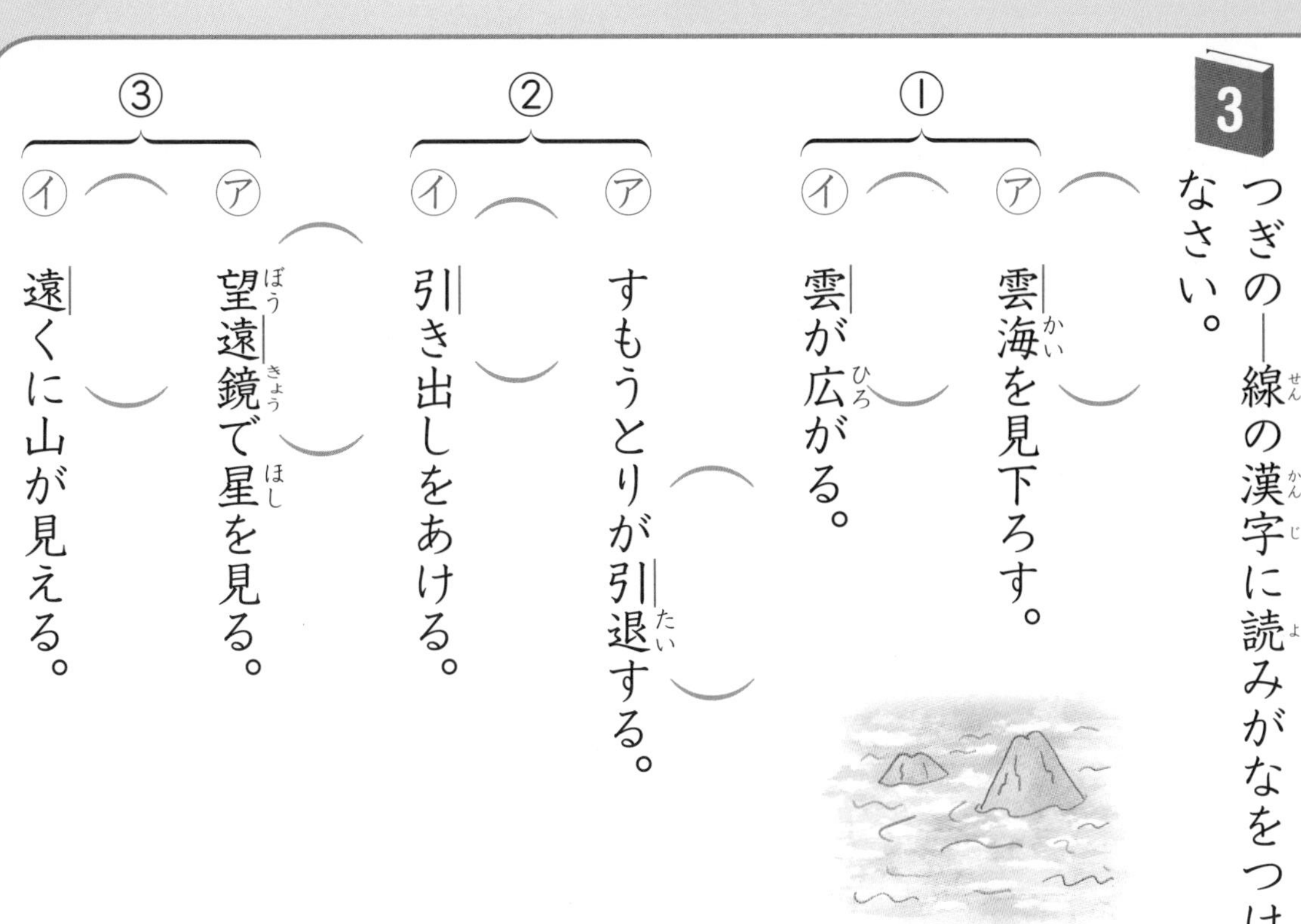

①
㋐ 雲海を見下ろす。（　　）
㋑ 雲が広がる。（　　）

②
㋐ すもうとりが引退する。（　　）
㋑ 引き出しをあける。（　　）

③
㋐ 望遠鏡で星を見る。（　　）
㋑ 遠くに山が見える。（　　）

4 つぎの□に漢字を書きなさい。

① □（ゆう）やけ□（ぐも）がきれいだ。

② あしたは□□（えんそく）だ。

③ □□（いんりょく）がはたらいている。

④ ようち□（えん）に行く。

⑤ この□（いぬ）の名前は□（なん）だろう。

⑥ □（はく）鳥が三□（ば）とび立つ。

科

カ

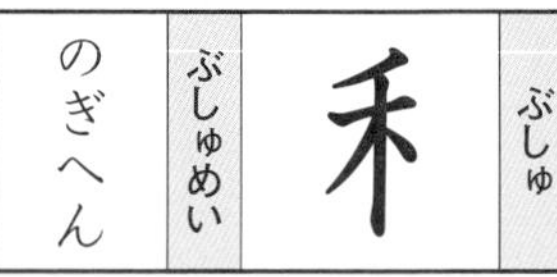

ことばとつかいかた

科学(かがく)

生活科(せいかつか)

教科書(きょうかしょ)を読(よ)む

夏

カ
ゲ㊥
なつ

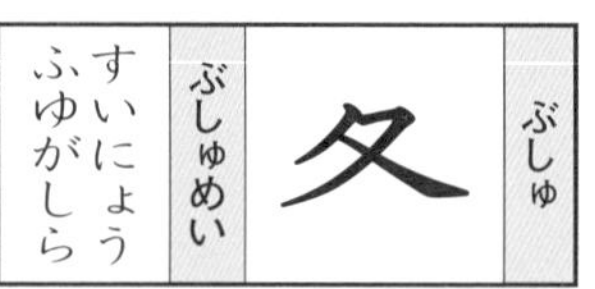

ぶしゅ
夂
ぶしゅめい
すいにょう
ふゆがしら

ことばとつかいかた

▲初夏(しょか)

◎夏▲至(げし)

夏休(なつやす)み

夏(なつ)が近(ちか)づく

カ
ケ
いえ
や

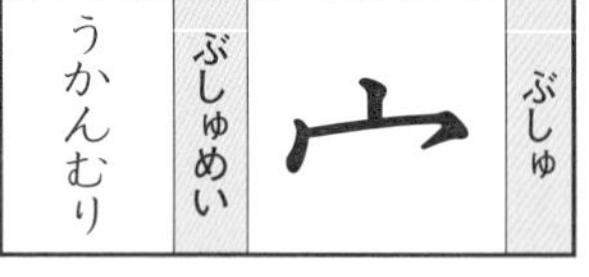

ことばとつかいかた

家▲族(かぞく)

家来(けらい)

となりの家(いえ)

いっけん家(や)にすむ

歌

カ
うた
うた（う）

ぶしゅ	ぶしゅめい
欠	あくび かける

ことばとつかいかた

歌手（かしゅ）　校歌（こうか）
歌声（うたごえ）
大（おお）きな声（こえ）で歌（うた）う

ガ
カク

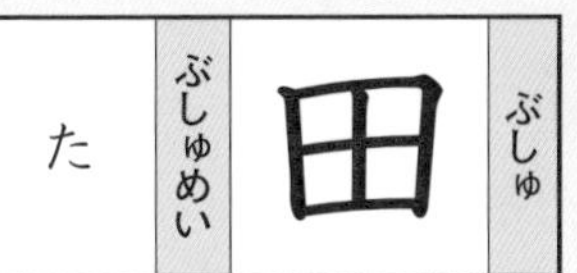

ことばとつかいかた

画用紙（がようし）
計画（けいかく）
画家（がか）をめざす

カイ
エ㊔
まわ（る）
まわ（す）

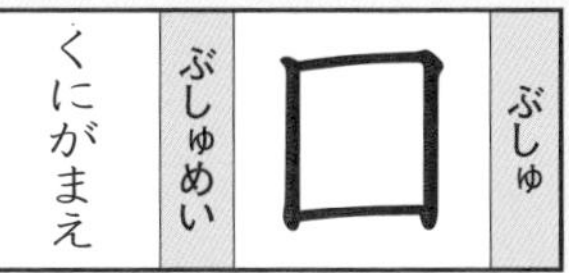

ことばとつかいかた

歩（ある）き回（まわ）る
後回（あとまわ）し
船（ふね）にのるのは二回目（にかいめ）だ

1 つぎの―線の漢字に読みがなをつけなさい。

① 子もり歌が聞（き）こえてくる。（　）（　）（　）

② となりの家の人がたずねて来（く）る。（　）（　）（　）

③ 夏まつりで人形（ぎょう）を買（か）う。（　）（　）（　）

④ 画用紙（ようし）に絵（え）をかく。（　）（　）

⑤ 科学の進歩（しんぽ）は目ざましい。（　）（　）（　）

⑥ 森をかけ回る。（　）（　）（　）

2 つぎの漢字の書くじゅんばんは、どちらが正しいでしょう。正しい方のきごうに○をつけなさい。

① 歌

ア	イ
一	一
丁	丅
可	可
哥	哥
哥	哥
歌	歌
歌	歌

② 回

ア	イ
丨	丨
冂	冂
冂	口
冋	回
回	回
回	回

③ 家

ア	イ
丶	丶
宀	宀
宀	宀
宁	宀
宇	宇
家	家
家	家

3 同じ読み方をしても、ちがう漢字があります。□に書きなさい。

①
㋐ 公（こう）□（えん）であそぶ。
㋑ □（えん）方（ぽう）から人が来（く）る。

②
㋐ 農（のう）□（か）ではたらく。
㋑ 教（きょう）□（か）書（しょ）をかばんに入れる。

③
㋐ □（か）手がテレビに出ている。
㋑ □（か）具（ぐ）をはこぶ。

4 つぎの□に漢字を書きなさい。

① 生活（せいかつ）□（か）のじゅぎょうをうける。
② 計（けい）□（かく）をすすめる。
③ □（うた）声（ごえ）がひびきわたる。
④ にもつを数（すう）□（かい）に分（わ）けてはこぶ。
⑤ □（か）ぞく旅行（りょこう）をする。
⑥ 初（しょ）□（か）の風（かぜ）がふく。

カイ
エ㊁
あ(う)

ことばとつかいかた

会社（かいしゃ）　音楽会（おんがくかい）

◎会▲釈（えしゃく）

友（とも）だちに会（あ）う

カイ
うみ

ことばとつかいかた

海▲岸（かいがん）

青（あお）い海（うみ）

海（うみ）の水（みず）はしおからい

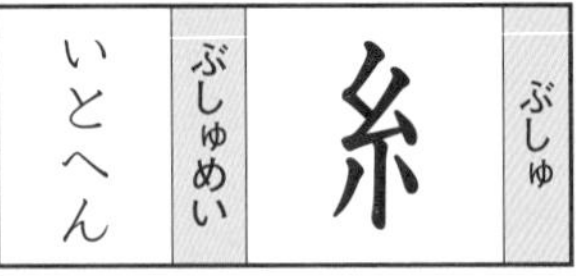

カイ
エ

ことばとつかいかた

絵画（かいが）　絵本（えほん）

絵日記（えにっき）

絵（え）はがきを買（か）う

外

5画

ガイ
ゲ㊥
そと
ほか
はず(す)
はず(れる)

ぶしゅ	ぶしゅめい
夕	た ゆうべ

ことばとつかいかた

外国(がいこく)　◎外科(げか)
おには外(そと)
ボタンを外(はず)す

角

7画

カク
かど
つの

ぶしゅ	ぶしゅめい
角	かく つの

ことばとつかいかた

三角(さんかく)　まがり角(かど)
牛(うし)の角(つの)
つぎの角(かど)をまがる

楽

13画

ガク
ラク
たの(しい)
たの(しむ)

ぶしゅ	ぶしゅめい
木	き

ことばとつかいかた

音楽会(おんがくかい)　楽園(らくえん)
楽(たの)しいゆめ
スキーを楽(たの)しむ

1 つぎの――線の漢字に読みがなをつけなさい。

① コートのボタンを外す。（　　）
② 海水よくに行く。（　　）
③ 絵画教室に通う。（　　）
④ 大きな角のシカがいた。（　　）
⑤ 楽しい一日をすごす。（　　）
⑥ デパートで有名人に会った。（　　）

2 つぎの――線の漢字に読みがなをつけなさい。

①
㋐ 町角（　　）
㋑ 四角いいた（　　）

②
㋐ 海草（　　）
㋑ 海べ（　　）

③
㋐ 楽だん（　　）
㋑ 楽園（　　）

④
㋐ 外国（　　）
㋑ 町外れ（　　）

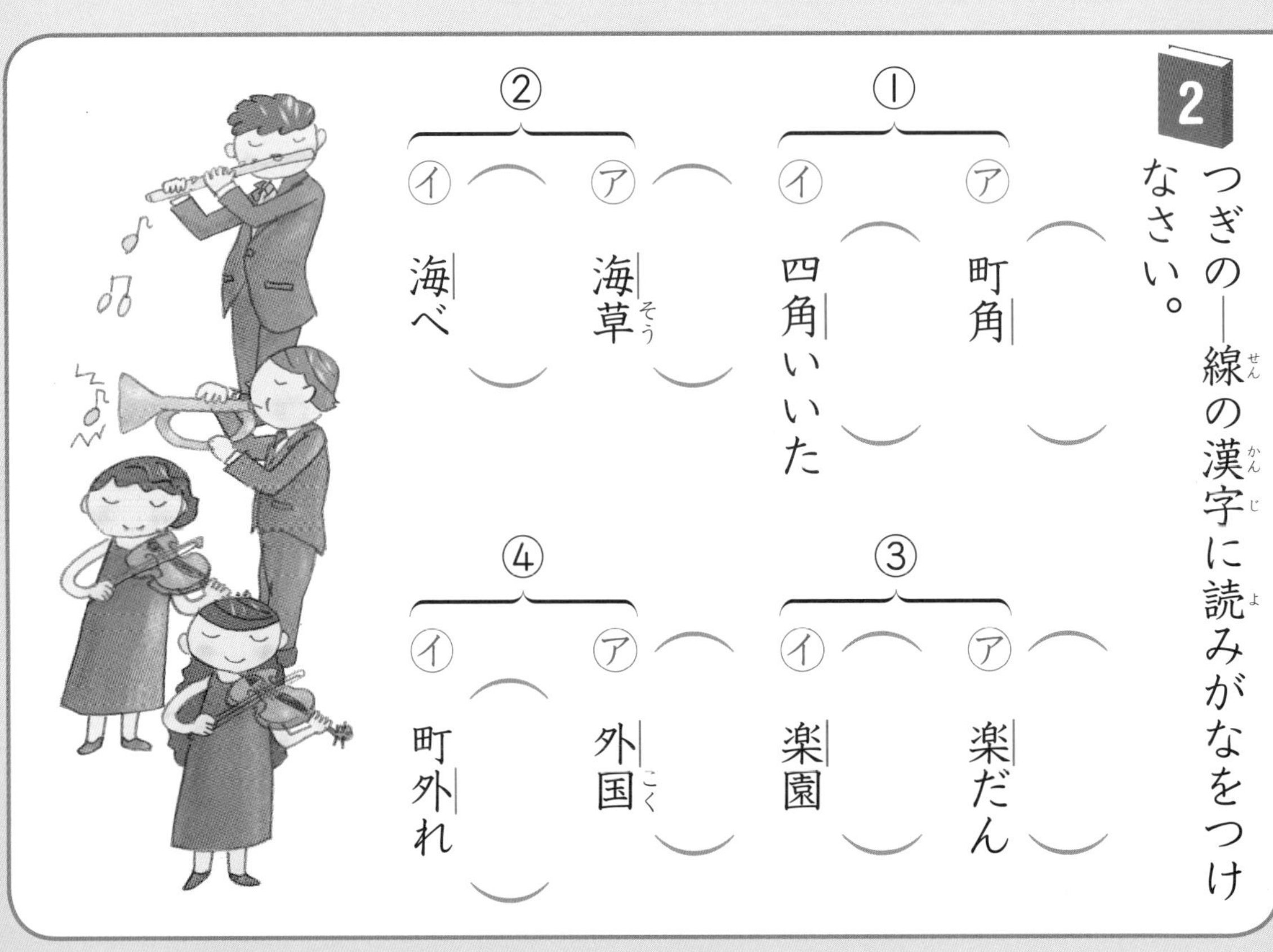

べんきょうした日　月　日

3 □にひらがなを一字書いて、つぎのことばの読みをこたえなさい。

（れい　左右……さ［ゆ］う）

① お年玉……お□し□だ□

② 外がわ……□とがわ

③ 夕日……ゆ□□

④ 水車……□い□や

⑤ 見学……け□□く

4 つぎの□に漢字を書きなさい。

① 妹は［えほん］がすきだ。

② 学級［かい］をひらく。

③ つぎは［おんがく］のじゅぎょうだ。

④ ［さんかく］じょうぎをつかう。

⑤ ［あお］い［うみ］が広がる。

⑥ ［そと］の［くうき］をすう。

活

カツ

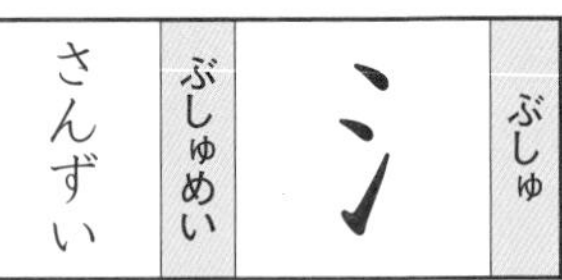

ことばとつかいかた

活▲動（かつどう）

活火山（かっかざん）

リレーで活（かつ）やくする

間

カン
ケン
あいだ
ま

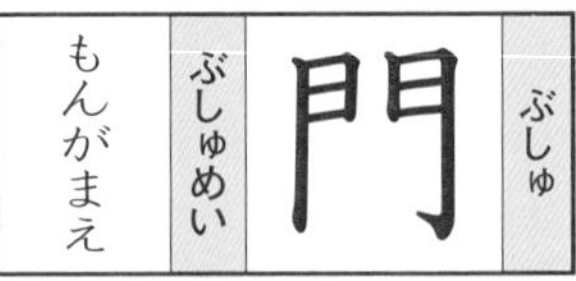

ことばとつかいかた

時間（じかん）　▲世間（せけん）

休（やす）みの間（あいだ）　▲客間（きゃくま）

▲仲間（なかま）をあつめる

丸

ガン
まる
まる（い）
まる（める）

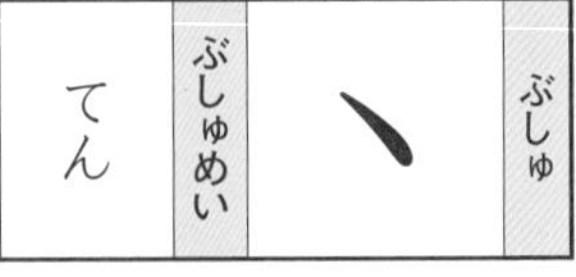

ことばとつかいかた

丸▲薬（がんやく）

丸太（まるた）　丸（まる）い石（いし）

目（め）を丸（まる）くする

岩

ガン
いわ

ことばとつかいかた

岩石(がんせき)　火山岩(かざんがん)

岩場(いわば)

岩(いわ)になみが当(あ)たる

顔

ガン
かお

ことばとつかいかた

▲顔面(がんめん)

顔(かお)つき　▲横顔(よこがお)

顔(かお)をあらう

7画

キ

ことばとつかいかた

汽車(きしゃ)

汽船(きせん)

船(ふね)が汽▲笛(きてき)を鳴(な)らす

1 つぎの―線の漢字に読みがなをつけなさい。

① 海（　）のそばで生活（　）する。

② 船の汽（　）てきがひびく。

③ 川（　）にかかる丸木（　）ばしをわたる。

④ 休みの間（　）、ずっと家（　）にいた。

⑤ 早（　）おきして顔（　）をあらう。

⑥ 海べにある大（　）きな岩（　）の上にすわる。

2 ㋐と㋑のカードを組み合わせて、漢字をつくりなさい。（カードはそれぞれ一回ずつつかいます。）

①

㋐		㋑
袁		亻
云		弓
可		雨
丨		辶

②

㋐		㋑
舌		彦
石		氵
日		山
頁		門

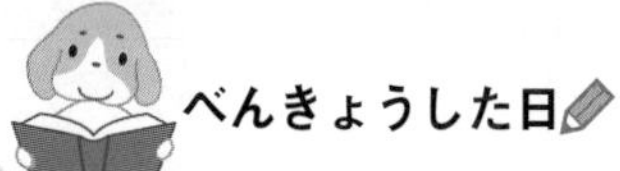

3 つぎの――線の漢字に読みがなをつけなさい。

① ㋐ 友だちと会う。（　　）
㋑ 学級会で話し合う。（　　）

② ㋐ 広間にきゃくを案内する。（　　）
㋑ 音楽の時間にハーモニカをふく。（　　）

③ ㋐ 顔の形がはっきりしている。（　　）
㋑ 顔面にボールが当たった。（　　）

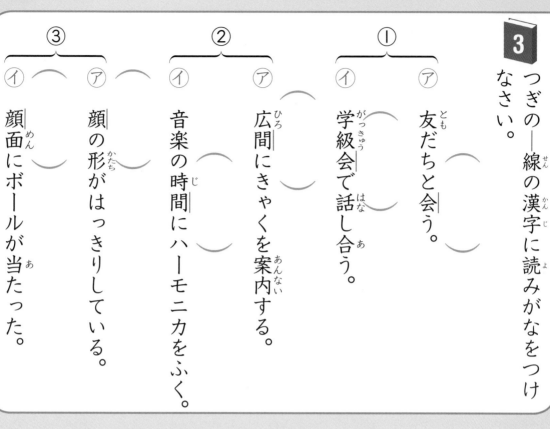

4 つぎの□に漢字を書きなさい。

① ほう［がん］なげにちょうせんする。

② ［いわ］がころがりおちてきた。

③ 今日は母の［かお］色がよい。

④ サッカーで［かつ］やくする。

⑤ ［き］［しゃ］のまどから外を見る。

⑥ 昼［ま］はおきゃくさんが少ない。

記

キ
しる(す)

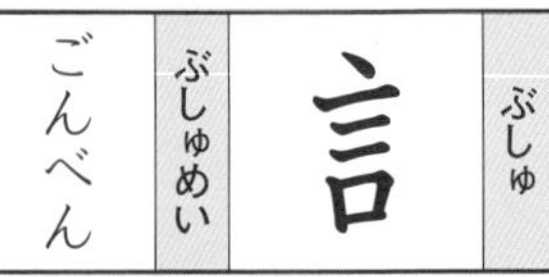

ことばとつかいかた

記▲録(きろく)
▲筆記用▲具(ひっきようぐ)
思(おも)い出(で)を日記(にっき)に記(しる)す

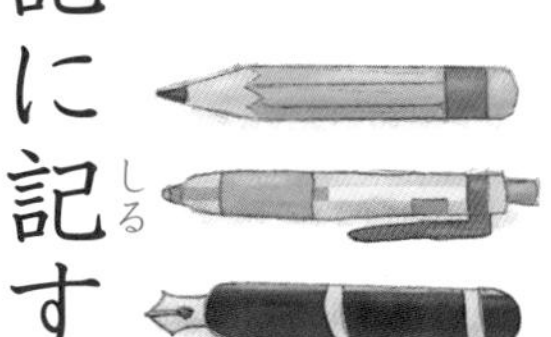

帰

キ
かえ(る)
かえ(す)

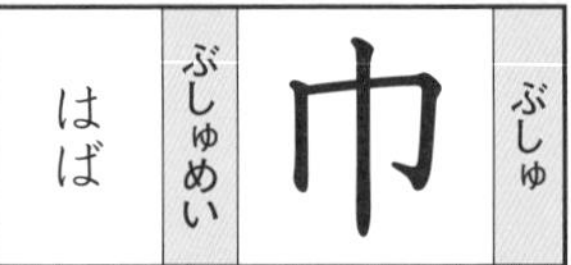

ことばとつかいかた

帰国(きこく)
帰(かえ)り道(みち)
家(いえ)に帰(かえ)る

弓

キュウ㊥
ゆみ

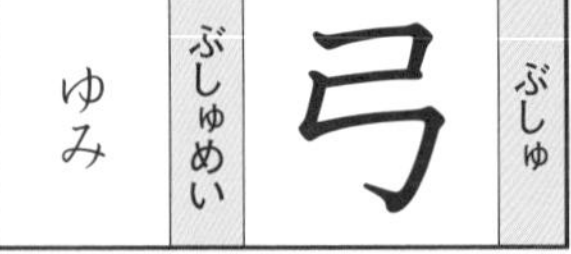

ことばとつかいかた

◎弓道(きゅうどう)　弓形(ゆみがた・◎きゅうけい)
弓(ゆみ)と矢(や)
弓(ゆみ)を引(ひ)く

ギュウ
うし

ぶしゅ	ぶしゅめい
牛	うし

ことばとつかいかた

牛肉（ぎゅうにく）

牛小屋（うし▲ごや）

牛（うし）のちちをしぼる

ギョ
うお
さかな

ぶしゅ	ぶしゅめい
魚	うお

ことばとつかいかた

金魚（きんぎょ）

魚市場（うおいちば）　魚（さかな）つり

小魚（こざかな）を丸（まる）ごと食（た）べる

キョウ
ケイ㊥

ぶしゅ	ぶしゅめい
亠	なべぶた けいさんかんむり

ことばとつかいかた

東京（とうきょう）タワー

◎京▲浜▲工業地▲帯（けいひんこうぎょうちたい）

おばが上京（じょうきょう）する

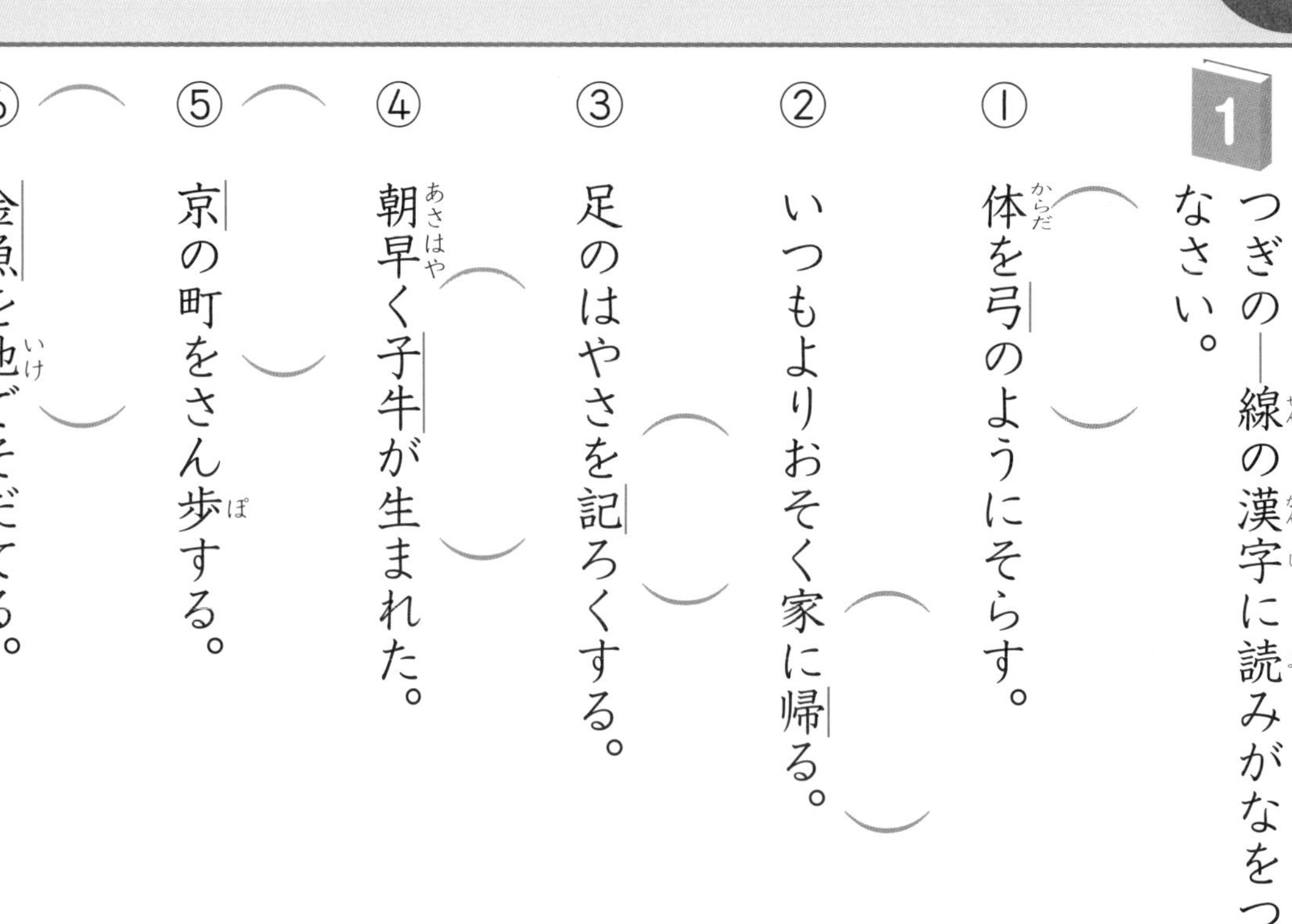

1 つぎの―線の漢字に読みがなをつけなさい。

① 体を弓のようにそらす。（　　）

② いつもよりおそく家に帰る。（　　）

③ 足のはやさを記ろくする。（　　）

④ 朝早く子牛が生まれた。（　　）

⑤ 京の町をさん歩する。（　　）

⑥ 金魚を池でそだてる。（　　）

2 つぎの漢字の○のところは、はねるか、とめるか、正しい書き方で○の中に書きなさい。

① 古い汽車

② まどの外

③ まがり角

④ ハトの羽

⑤ 東京えき

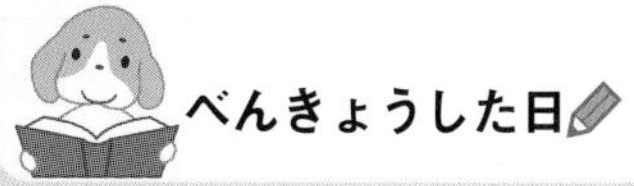

3 つぎの漢字(かんじ)の太(ふと)いところは何番(なんばん)めに書(か)きますか。○の中に数字(すうじ)を書(か)きなさい。

① 帰 ○

② 楽 ○

③ 海 ○

④ 魚 ○

⑤ 丸 ○

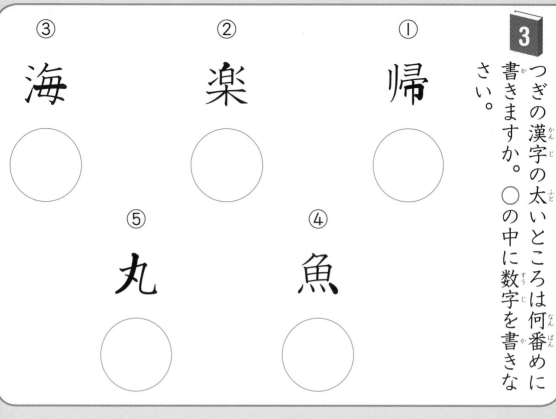

4 つぎの□に漢字(かんじ)を書(か)きなさい。

① □□□(えにっき)をかく。

② □(ゆみ)を□(ひ)くれんしゅうをする。

③ おじさんが□□(じょうきょう)する。

④ 父(ちち)がアメリカから□(き)国(こく)する。

⑤ 大きな□(さかな)をつりあげる。

⑥ 朝(あさ)、□(ぎゅう)にゅうをのむ。

100

80

50

とくてん

点

1 つぎの――線(せん)の漢字(かんじ)に読(よ)みがなをつけなさい。〈一つ2点(てん) 計(けい)58点(てん)〉

① 海にうかぶ汽船(せん)の絵をかく。

② 遠くの山の間に　白い雲が出てきた。

③ 音楽に合(あ)わせて楽しい　歌を歌う。

④ 夏休みに　家ぞくでえい画を見る。

⑤ 森の上から丸い月が顔を出した。

⑥ 金魚のことを日記に書(か)く。

⑦ ア シカの角　イ 三角のおにぎり

⑧ ア 外国(こく)　イ まどの外がわ

⑨ ア 気楽　イ 楽しむ

⑩ ア 走(はし)り回る　イ 五回

⑪ ア すき間　イ 一週間(いっしゅう)

⑫ ア 牛肉(にく)　イ 子牛

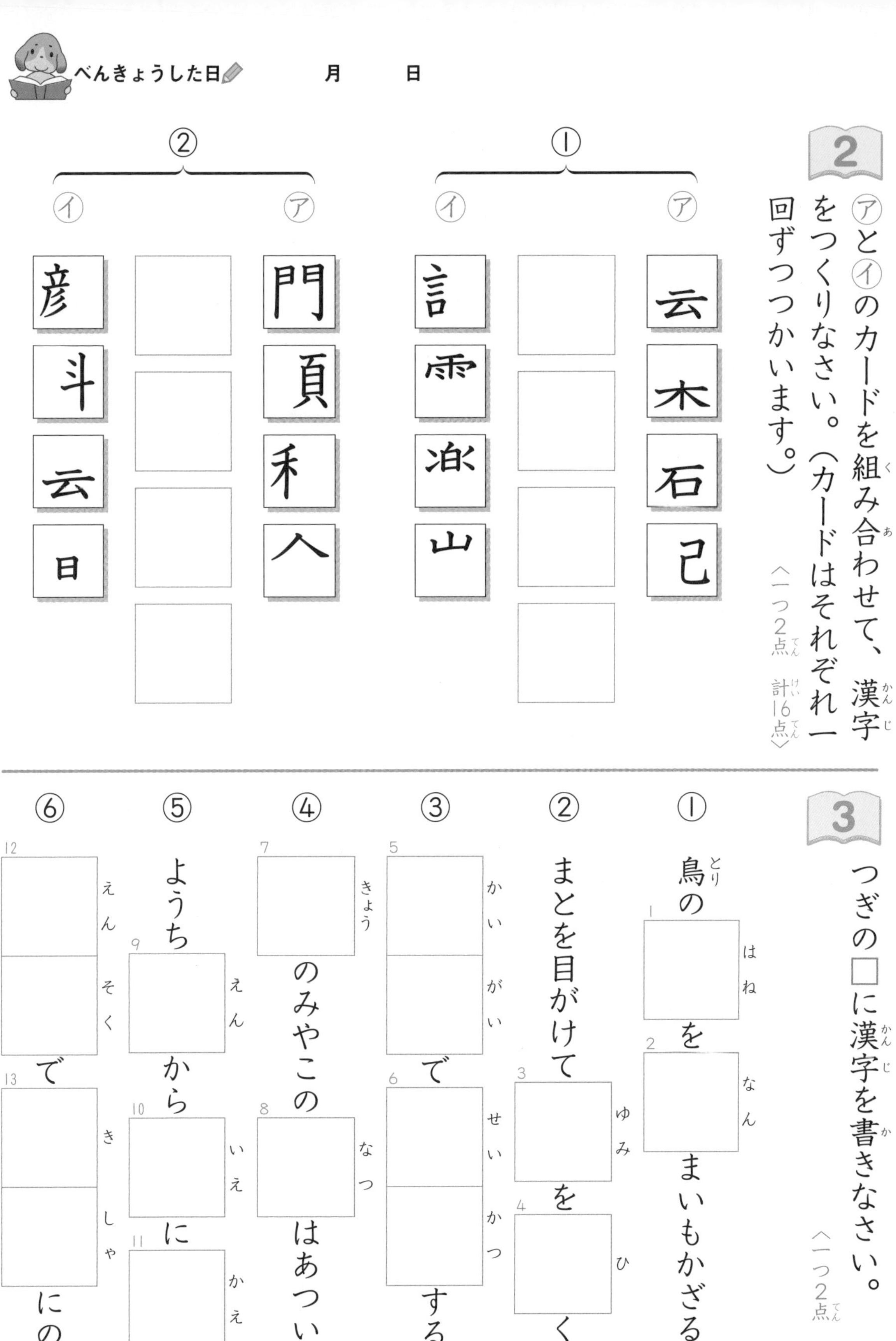

2

㋐と㋑のカードを組み合わせて、漢字をつくりなさい。（カードはそれぞれ一回ずつつかいます。）〈一つ2点　計16点〉

①
㋐ 云　木　石　己
㋑ 言　⻗　冫白丶　山

②
㋐ 門　頁　禾　𠆢
㋑ 彦　斗　云　日

3

つぎの□に漢字を書きなさい。〈一つ2点　計26点〉

① 鳥（とり）の［1 はね］を［2 なん］まいもかざる。

② まとを目がけて［3 ゆみ］を［4 ひ］く。

③ ［5 かいがい］で［6 せいかつ］する。

④ ［7 きょう］のみやこの［8 なつ］はあつい。

⑤ ようち［9 えん］から［10 いえ］に［11 かえ］る。

⑥ ［12 えんそく］で［13 きしゃ］にのる。

ひとやすみ クイズであそぼ！ 1

◆あなたはアスレチックひろばでかん太くんとはぐれてしまいました。ひろばの入り口でとったしゃしんを見て、かん太くんをさがしましょう。

かん太くんのしゃしん

汽
海
活
海
アスレチックひろば
海
海
海

強

キョウ
ゴウ㊥
つよ(い)
つよ(まる)
つよ(める)
し(いる)㊥

11画

ぶしゅ	ぶしゅめい
弓	ゆみへん

ことばとつかいかた

▲勉強(べんきょう)　◎強引(ごういん)

強(つよ)い風(かぜ)　▲無理(むり)◎強(じ)い

火(ひ)を強(つよ)める

教

キョウ
おし(える)
おそ(わる)

ことばとつかいかた

教室(きょうしつ)　▲説教(せっきょう)

道(みち)を教(おし)える

先生(せんせい)から教(おそ)わる

キン
ちか(い)

ことばとつかいかた

近所(きんじょ)　▲最近(さいきん)

近道(ちかみち)

近(ちか)くの山(やま)にのぼる

兄

ケイ㊥
キョウ
あに

ぶしゅ	ぶしゅめい
儿	ひとあし にんにょう

ことばとつかいかた

父兄(ふけい)

兄弟(きょうだい)◎(けいてい)　★兄(にい)さん

兄(あに)◎は高校生(こうこうせい)だ

形

ケイ
ギョウ
かた
かたち

ぶしゅ	ぶしゅめい
彡	さんづくり

ことばとつかいかた

図形(ずけい)　人形(にんぎょう)

母(はは)の形見(かたみ)　顔(かお)の形(かたち)

ニンジンをひし形(がた)に切(き)る

計

ケイ
はか(る)
はか(らう)

ぶしゅ	ぶしゅめい
言	ごんべん

ことばとつかいかた

計画(けいかく)　合計(ごうけい)

時間(じかん)を計(はか)る

計算(けいさん)のテストをうける

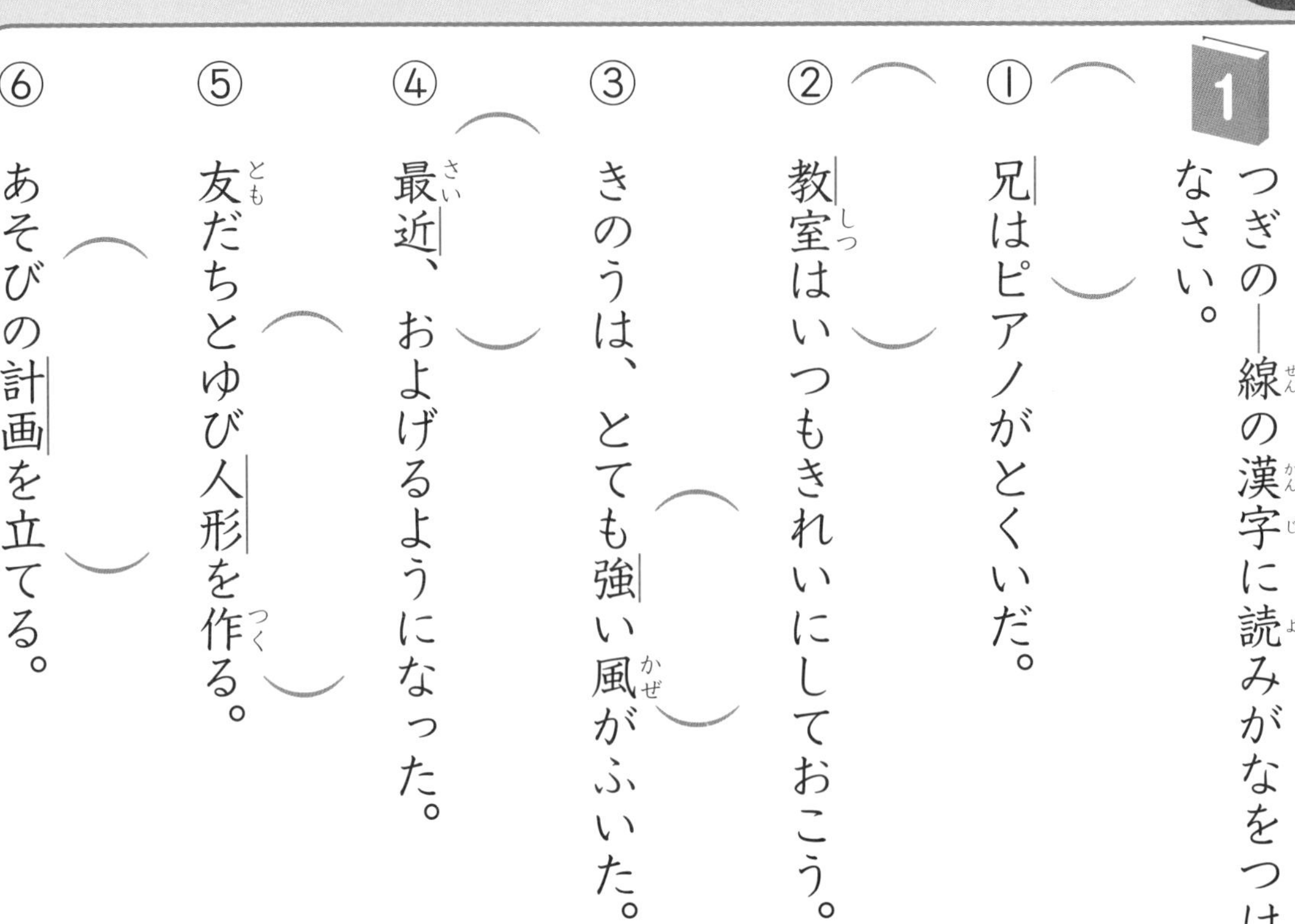

1 つぎの—線の漢字に読みがなをつけなさい。

① 兄はピアノがとくいだ。（　）

② 教室はいつもきれいにしておこう。（　）

③ きのうは、とても強い風がふいた。（　）

④ 最近、およげるようになった。（　）

⑤ 友だちとゆび人形を作る。（　）

⑥ あそびの計画を立てる。（　）

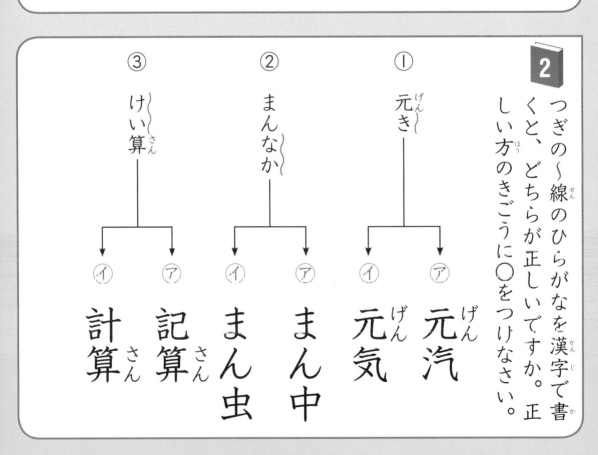

2 つぎの〜線のひらがなを漢字で書くと、どちらが正しいですか。正しい方のきごうに○をつけなさい。

① 元き　㋐ 元汽　㋑ 元気

② まんなか　㋐ まん中　㋑ まん虫

③ けい算　㋐ 記算　㋑ 計算

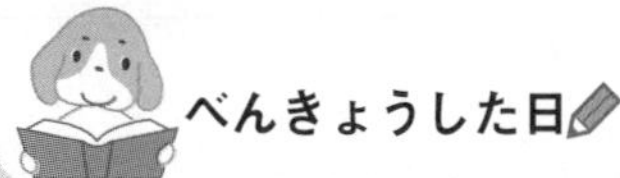

3 れいのように同(おな)じなかまの漢字(かんじ)を□に書(か)きなさい。

（れい　艹……草(くさ)木・花(はな)火）

① 亻……□(やす)む・□(なん)人

② 囗……公(こう)□(えん)・今(こん)□(かい)

③ 弓……□(つよ)い・つな□(ひ)き

④ 辶……□(ちか)い・□(とお)い

⑤ 言……□(き)ろく・合(ごう)□(けい)

4 つぎの□に漢字(かんじ)を書(か)きなさい。

① □(ちか)くにようち□(えん)がある。

② □□□(さんかくけい)のはこ。

③ □(いえ)でべん□(きょう)する。

④ □□(せんせい)に漢字(かんじ)を□(おそ)わる。

⑤ □(きょう)弟(だい)で□(さかな)つりに行(い)く。

⑥ □□(がっこう)までの時間(じかん)を□(はか)る。

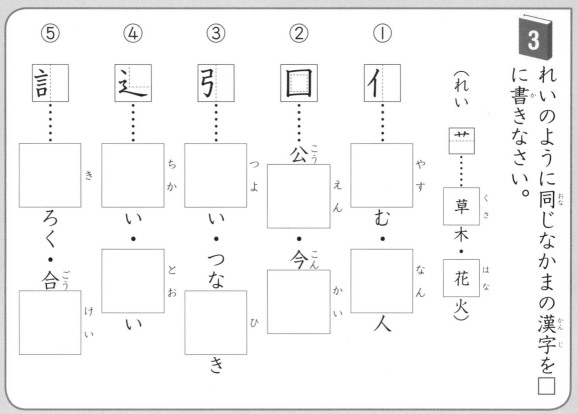

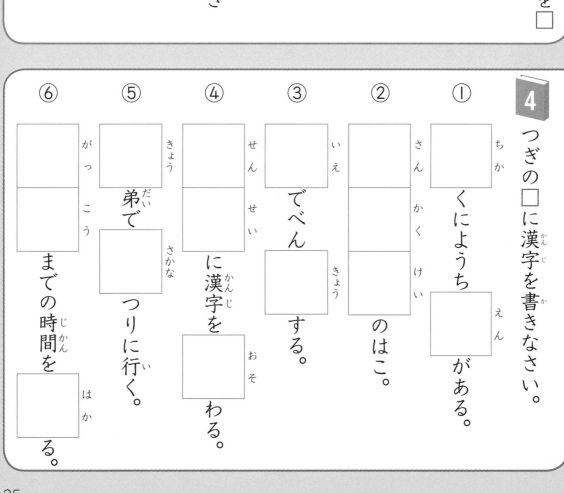

元

ゲン
ガン
もと

ぶしゅ 儿 ぶしゅめい ひとあし にんにょう

ことばとつかいかた

元気(げんき)　元日(がんじつ)

火(ひ)の元(もと)

おもちゃを元(もと)にもどす

言

ゲン
ゴン
い(う)
こと

ことばとつかいかた

▲発言(はつげん)　▲伝言(でんごん)

▲言葉(ことば)

わがままを言(い)う

ゲン
はら

ことばとつかいかた

草原(そうげん)

野原(のはら)　★川原(かわら)

高原(こうげん)で休日(きゅうじつ)をすごす

コ
と

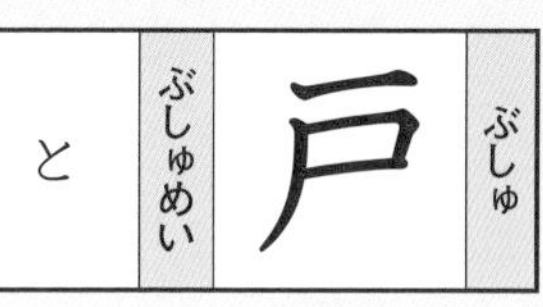

ことばとつかいかた

一戸（いっこ）だての家（いえ）

戸（と）じまり　雨戸（あまど）

戸（と）をしめる

コ
ふる（い）
ふる（す）

ことばとつかいかた

古書（こしょ）　中古車（ちゅうこしゃ）

古（ふる）い家（いえ）

古（ふる）い新聞（しんぶん）をかたづける

ゴ

ことばとつかいかた

午前（ごぜん）

午後（ごご）

テストは正午（しょうご）におわった

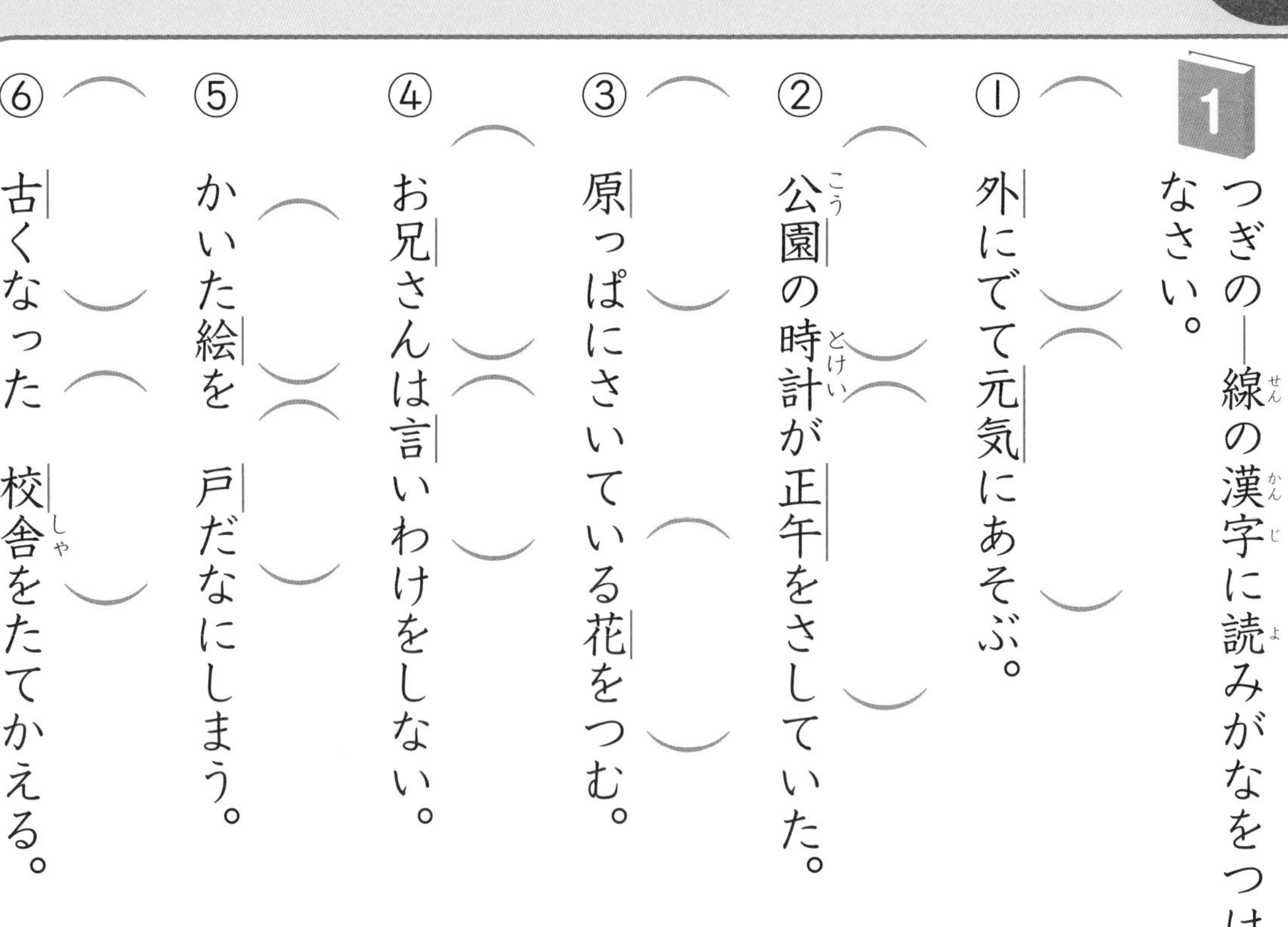

1 つぎの―線の漢字に読みがなをつけなさい。

① 外にでて元気にあそぶ。

② 公園の時計が正午をさしていた。

③ 原っぱにさいている花をつむ。

④ お兄さんは言いわけをしない。

⑤ かいた絵を 戸だなにしまう。

⑥ 古くなった 校舎をたてかえる。

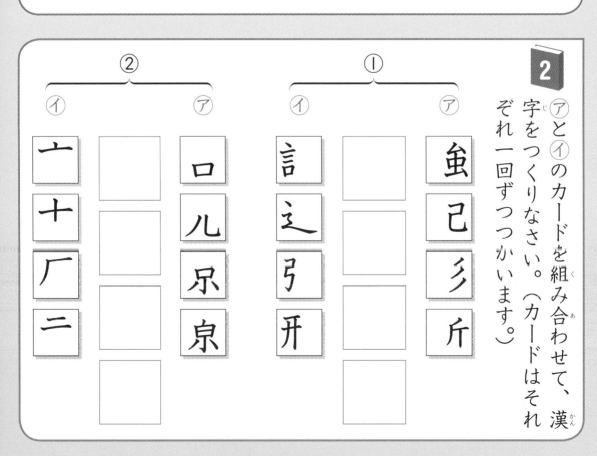

2 ㋐と㋑のカードを組み合わせて、漢字をつくりなさい。(カードはそれぞれ一回ずつつかいます。)

①
㋐ 虫 己 彡 斤
㋑ 言 辶 弓 开

②
㋐ 口 儿 尿 泉
㋑ 亠 十 厂 二

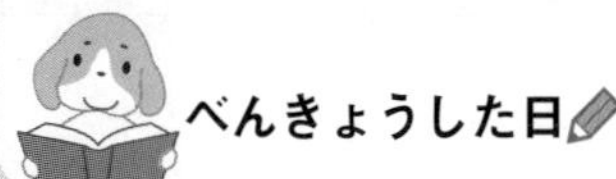

3

つぎの――線の漢字に読みがなをつけなさい。

① ㋐ 古（　　）い絵を見つける。
㋑ 中古（　　）車をさがしに行く。

② ㋐ うんどう会（　　）で玉入れをする。
㋑ えきで友だちと会（　　）う。

③ ㋐ きせかえ人形（　　）であそぶ。
㋑ 紙を正方形（　　）に切る。

4

つぎの□に漢字を書きなさい。

① □□（そうげん）をかけ回る。

② □（ご）前中に□（で）かける。

③ □（ひ）の□（もと）をかくにんする。

④ □□（いっこ）だての□（いえ）にすむ。

⑤ つかい□（ふる）されたぞうきん。

⑥ □（こと）葉を□（まな）ぶ。

後

9画

ゴ
コウ
のち
うし(ろ)
あと
おく(れる)㊥

ぶしゅ		ぶしゅめい	
	彳		ぎょうにんべん

ことばとつかいかた

食後（しょくご）　後方（こうほう）

後（あと）しまつ　気後（きおく）れ ◎

父（ちち）の後（うし）ろについていく

語

14画

ゴ
かた(る)
かた(らう)

ぶしゅ		ぶしゅめい	
	言		ごんべん

ことばとつかいかた

語学（ごがく）　外国語（がいこくご）

語（かた）り手（て）

ゆめを語（かた）り合（あ）う

工

3画

コウ
ク

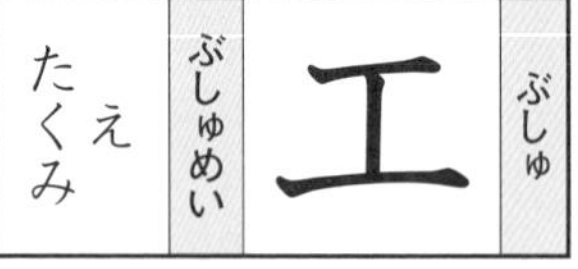

ぶしゅ		ぶしゅめい	
	工		え たくみ

ことばとつかいかた

工作（こうさく）　図工（ずこう）

大工（だいく）さん

工場（こうじょう／こうば）を見学（けんがく）する

4画

コウ
おおやけ㊥

ぶしゅ	ぶしゅめい
八	はち

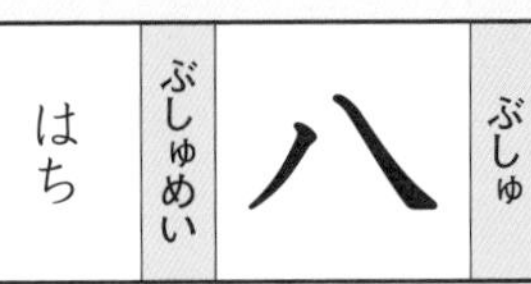

ことばとつかいかた

公園(こうえん)　▲主人公(しゅじんこう)
◎公(おおやけ)の場(ば)
公▲平(こうへい)に分(わ)ける

5画

コウ
ひろ(い)
ひろ(まる)
ひろ(める)
ひろ(がる)
ひろ(げる)

ぶしゅ	ぶしゅめい
广	まだれ

ことばとつかいかた

広▲告(こうこく)　広場(ひろば)
広(ひろ)い野原(のはら)
麦(むぎ)ばたけが広(ひろ)がる

6画

コウ
まじ(わる)
まじ(える)
ま(じる)
ま(ざる)
ま(ぜる)
か(う)㊥
か(わす)㊥

ぶしゅ	ぶしゅめい
亠	なべぶた けいさんかんむり

ことばとつかいかた

交番(こうばん)　道(みち)が交(まじ)わる
鳥(とり)が▲飛(と)び◎交(か)う
交通(こうつう)がべんりになる

1 つぎの―線の漢字に読みがなをつけなさい。

① 兄の（　）後ろ（　）にかくれる。

② 先生（　）が子どもに語（　）りかける。

③ 公立（　）の学校に入学（　）する。

④ 大工（　）さんが戸（　）をなおしている。

⑤ 交番（　）でえきの方角（　）をたずねた。

⑥ 雲（　）一つない青空（　）が広（　）がる。

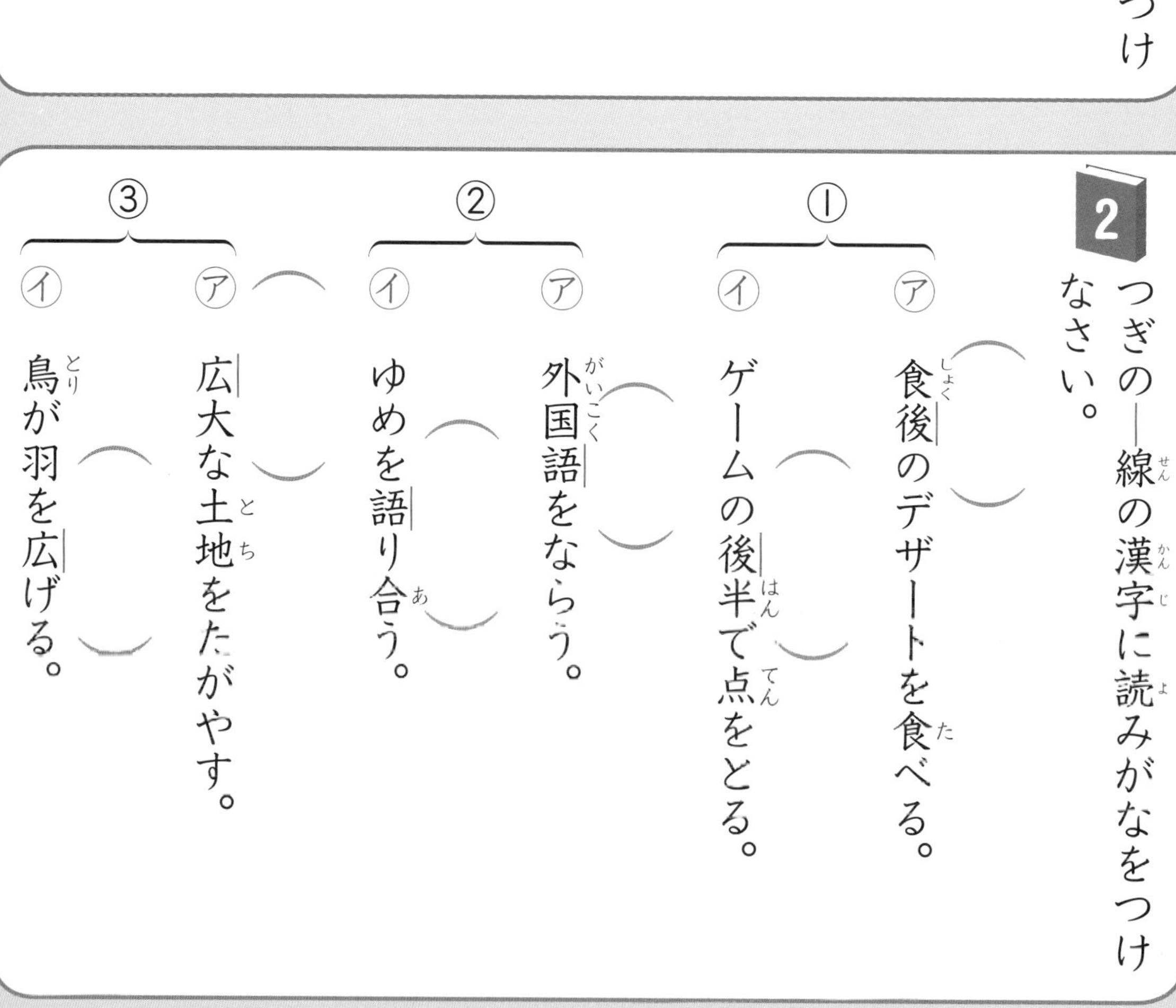

2 つぎの―線の漢字に読みがなをつけなさい。

①
㋐ 食後（　）のデザートを食べる。
㋑ ゲームの後半（　）で点をとる。

②
㋐ 外国語（　）をならう。
㋑ ゆめを語（　）り合う。

③
㋐ 広大（　）な土地をたがやす。
㋑ 鳥が羽を広（　）げる。

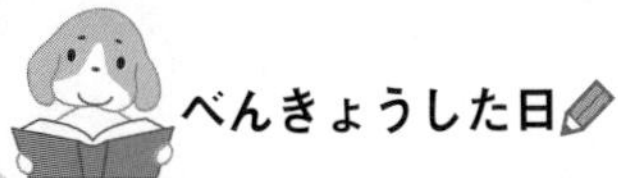

3

つぎの――線のカタカナを○の中の漢字とひらがなで書きなさい。

（れい　正　タダシイ字を書く。　正しい　）

① 回　風車がくるくるマワル。　□

② 丸　マルイ風船をとばす。　□

③ 交　二つの道がマジワル。　□

④ 教　すきな歌をオシエル。　□

4

つぎの□に漢字を書きなさい。

① 晴れ［のち］くもりの［てん］［き］。

② ［ひろ］場に［うし］がいる。

③ ［こう］事で［つち］をほった。

④ 主人の［こう］の［おとこ］の子。

⑤ 国［ご］の時［かん］はすきだ。

⑥ ［こう］さ点を［みぎ］にまがる。

光

コウ
ひか(る)
ひかり

ぶしゅ	ぶしゅめい
儿	ひとあし にんにょう

ことばとつかいかた

光線(こうせん)　日光(にっこう)

月(つき)の光(ひかり)

川(かわ)の水(みず)がきらきら光(ひか)る

コウ
かんが(える)

ぶしゅ	ぶしゅめい
耂	おいかんむり おいがしら

ことばとつかいかた

参考書(さんこうしょ)

▲考(かんが)え方(かた)

インコの名前(なまえ)を考(かんが)える

行

コウ
ギョウ
アン㊉
い(く)
ゆ(く)
おこな(う)

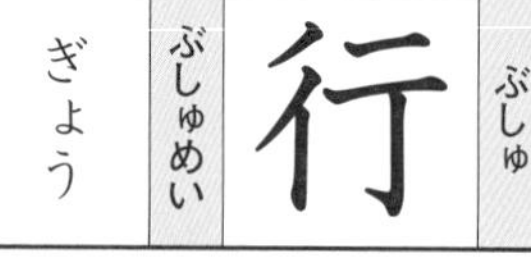

ぶしゅ	ぶしゅめい
行	ぎょう

ことばとつかいかた

旅行(りょこう)　▲行列(ぎょうれつ)　◎行火(あんか)

▲東京(とうきょう)に行(い)く

大会(たいかい)が行(おこな)われる

高

10画

コウ
たか
たか（い）
たか（まる）
たか（める）

ぶしゅ	ぶしゅめい
高	たかい

ことばとつかいかた

高原（こうげん）　高▲級▲品（こうきゅうひん）

高い山（たかいやま）

高いビルがならぶ

黄

11画

コウ㊥
オウ
き
こ㊥

ぶしゅ	ぶしゅめい
黄	き

ことばとつかいかた

黄金（おうごん）◎（こがね）　黄色（きいろ）（おうしょく）

たまごの黄▲身（きみ）

黄色（きいろ）いリボンをむすぶ

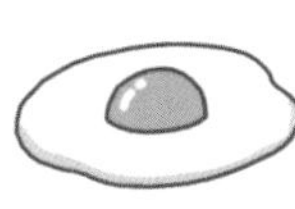

合

6画

ゴウ
ガッ
カッ
あ（う）
あ（わす）
あ（わせる）

ぶしゅ	ぶしゅめい
口	くち

ことばとつかいかた

合計（ごうけい）　合▲宿（がっしゅく）

合図（あいず）　声（こえ）を合（あ）わせる

おやつを分（わ）け合（あ）う

1 つぎの―線の漢字に読みがなをつけなさい。

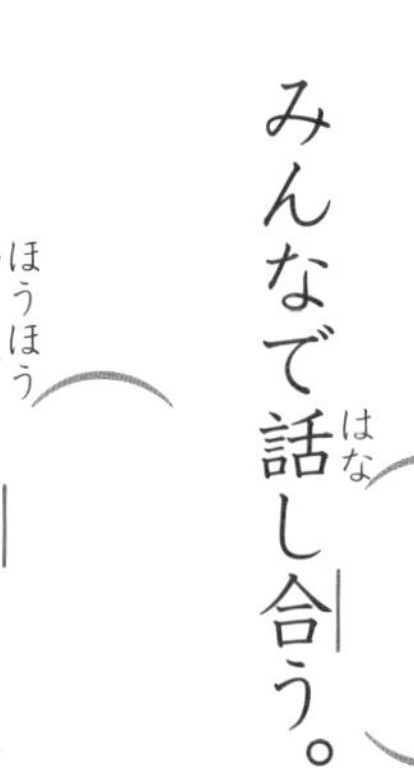

① 高いビルがたちならぶ都市(とし)。（　）

② みんなで話(はな)し合う。（　）

③ よい方法(ほうほう)を考える。（　）

④ わたしは黄色(いろ)がすきだ。（　）

⑤ アリが行列(れつ)を作(つく)っている。（　）

⑥ 星(ほし)がきらきら光る。（　）

2 つぎの漢字(かんじ)の○のところは、はねるか、とめるか、正しい書き方(かた)で○の中に書(か)きなさい。

① まぶしい日光○

② 考○え方(かた)

③ 船(ふね)の汽○てき

④ 絵日記○

⑤ 丸○いボール

3 つぎの□に漢字(かんじ)を書(か)きなさい。

①　ひくい……□(たか)い

②　近い……□(とお)い

③　行く……□(かえ)る

④　おす……□(ひ)く

4 つぎの□に漢字(かんじ)を書(か)きなさい。

①　□□(かいがい)を旅(りょ)□(こう)する。

②　□(くるま)が□(こう)速(そく)で走(はし)る。

③　参(さん)□(こう)書(しょ)を□(み)る。

④　□(つき)の□(ひかり)がさしこむ。

⑤　□(にん)数(ずう)を□□(ごうけい)する。

⑥　□□(おうごん)にかがやくぶつぞう。

谷

コク㊥
たに

7画

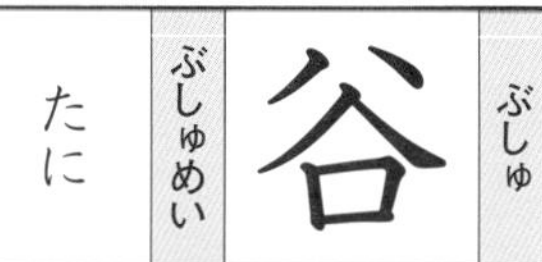

ぶしゅ 谷　ぶしゅめい たに

ことばとつかいかた

▲峡◎谷（きょうこく）
谷川（たにがわ）　谷間（たにま）

谷（たに）にそった道（みち）を歩（ある）く

国

コク
くに

8画

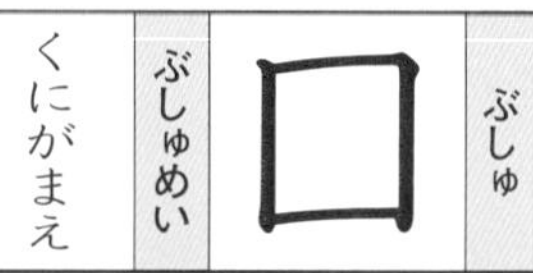

ぶしゅ 口　ぶしゅめい くにがまえ

ことばとつかいかた

国土（こくど）　南国（なんごく）
雪国（ゆきぐに）

トラックが国道（こくどう）を走（はし）る

黒

コク
くろ
くろ(い)

11画

ぶしゅ 黒　ぶしゅめい くろ

ことばとつかいかた

黒▲板（こくばん）　大黒▲柱（だいこくばしら）
黒（くろ）い雲（くも）

店（みせ）の前（まえ）は黒山（くろやま）の人（ひと）だかりだ

コン
キン㊥
いま

4画

ぶしゅ	ぶしゅめい
人	ひとやね

ことばとつかいかた

今夜　ただ今

★今朝　今年★

★今日は雨がふるそうだ

サイ

3画

ぶしゅ	ぶしゅめい
手	て

ことばとつかいかた

天才

▲英才教育

▲音楽の才▲能をのばす

細

サイ
ほそ(い)
ほそ(る)
こま(か)
こま(かい)

11画

ぶしゅ	ぶしゅめい
糸	いとへん

ことばとつかいかた

細心のちゅうい

細い糸

細かい字　細長い石をひろう

1 つぎの――線の漢字に読みがなをつけなさい。

① 今月は（　）休みが八日（　）もある。

② さむい国（　）のくらしについて教（　）わる。

③ 空いっぱいに黒（　）い雲（　）が出てきた。

④ ユリの花（　）が谷間（　）にさいている。

⑤ にわに細（　）い竹（　）が生えている。

⑥ 妹（いもうと）には音楽（　）の才能（のう）（　）がある。

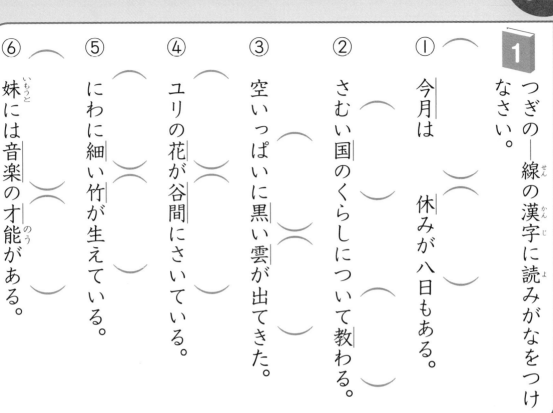

2 つぎの漢字の書くじゅんばんは、どちらが正しいでしょう。正しい方のきごうに○をつけなさい。

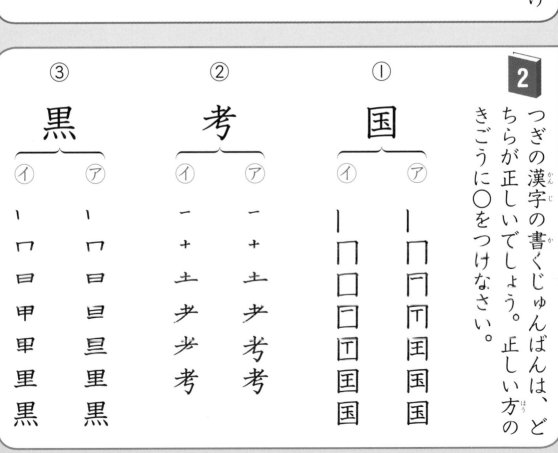

① 国
㋐ 丨 冂 冂 冂 王 国 国
㋑ 丨 冂 冂 冂 冂 国 国

② 考
㋐ 一 十 土 耂 考 考
㋑ 一 十 土 耂 耂 考

③ 黒
㋐ 丨 冂 日 旦 昰 里 黒
㋑ 丨 冂 日 甲 甲 里 黒

3 れいのように同じなかまの漢字を□に書きなさい。

（れい　艹……草(くさ)木・花(はな)火）

① 氵……□(かい)水・生□(かつ)

② 儿……□(げん)気・□(きょう)弟(だい)

③ 言……合□(けい)・日本□(ご)

④ 亼……音楽□(かい)・□(こん)夜(や)

⑤ 糸……ぬり□(え)・□(ほそ)うで

4 つぎの□に漢字を書きなさい。

① イギリスの□(こく)王が来る。

② □(いま)までつりをしたことがない。

③ 紙(かみ)を□(こま)かく切(き)る。

④ □(たに)へつづく道(みち)がある。

⑤ □(こく)板(ばん)に答(こた)えを書(か)く。

⑥ エジソンは発明(はつめい)の天□(さい)だ。

1 つぎの——線の漢字に読みがなをつけなさい。〈一つ2点 計46点〉

① 大工さんが木を細長く切る。

② 午後三時に公園で会おう。

③ へやに強い光がさしこむ。

④ 黄色い花がさく原っぱ。

⑤ 黒い犬が元気よく走る。

⑥ 古くて広い工場を見学する。

⑦ ㋐ ひな人形 ㋑ 四角形

⑧ ㋐ 高い山 ㋑ 高学年

⑨ ㋐ 教える ㋑ 教室

⑩ ㋐ 戸じまり ㋑ 一戸だての家

⑪ ㋐ ひと言 ㋑ 言いわけ

100

80

50

とくてん　点

2

つぎの漢字の◯のところは、はねるか、とめるか、正しい書き方で◯の中に書きなさい。〈一つ2点　計10点〉

① やさしい兄◯

② 強◯い力

③ 野原◯の虫

④ 何◯本かの花

⑤ 火の元◯

3

つぎの□に漢字を書きなさい。〈一つ2点　計26点〉

① 1□(ちか)くの 2□(こう)番に 3□(い)く。

② 4□(ご)前七時に 5□(と)をあける。

③ 6□□(てんさい)画家の 7□(ひか)りかがやく人生。

④ 8□(たに)にながれる 9□(ほそ)い川。

⑤ お10□(たの)しみ会の 11□(けい)画を立てる。

⑥ 12□(いま)から 13□□(こくご)のテストだ。

4 つぎの□に漢字(かんじ)を書(か)き、上のことばとはんたいのいみのことばをむすびなさい。〈一つ2点(てん)　計10点(てん)〉

① あらい●　●(ちか)□い
② 遠い●　●(い)□く
③ 白●　●(くろ)□
④ 帰る●　●(いま)□
⑤ むかし●　●(こま)□かい

5 つぎの――線(せん)のカタカナを○の中の漢字(かんじ)とひらがなで書(か)きなさい。〈一つ2点(てん)　計8点(てん)〉

（れい　(正) タダシイ字を書(か)く。　正しい）

① (光) ヒカル虫を見つける。　□
② (広) りょう手をヒロゲル。　□
③ (考) 犬の名前(なまえ)をカンガエル。　□
④ (後) ウシロをふりかえる。　□

◆町のようすを絵にかきました。上と下の絵には、ちがうところが5かしょあります。下の絵に、上の絵とちがっているところを○でかこんでみましょう。

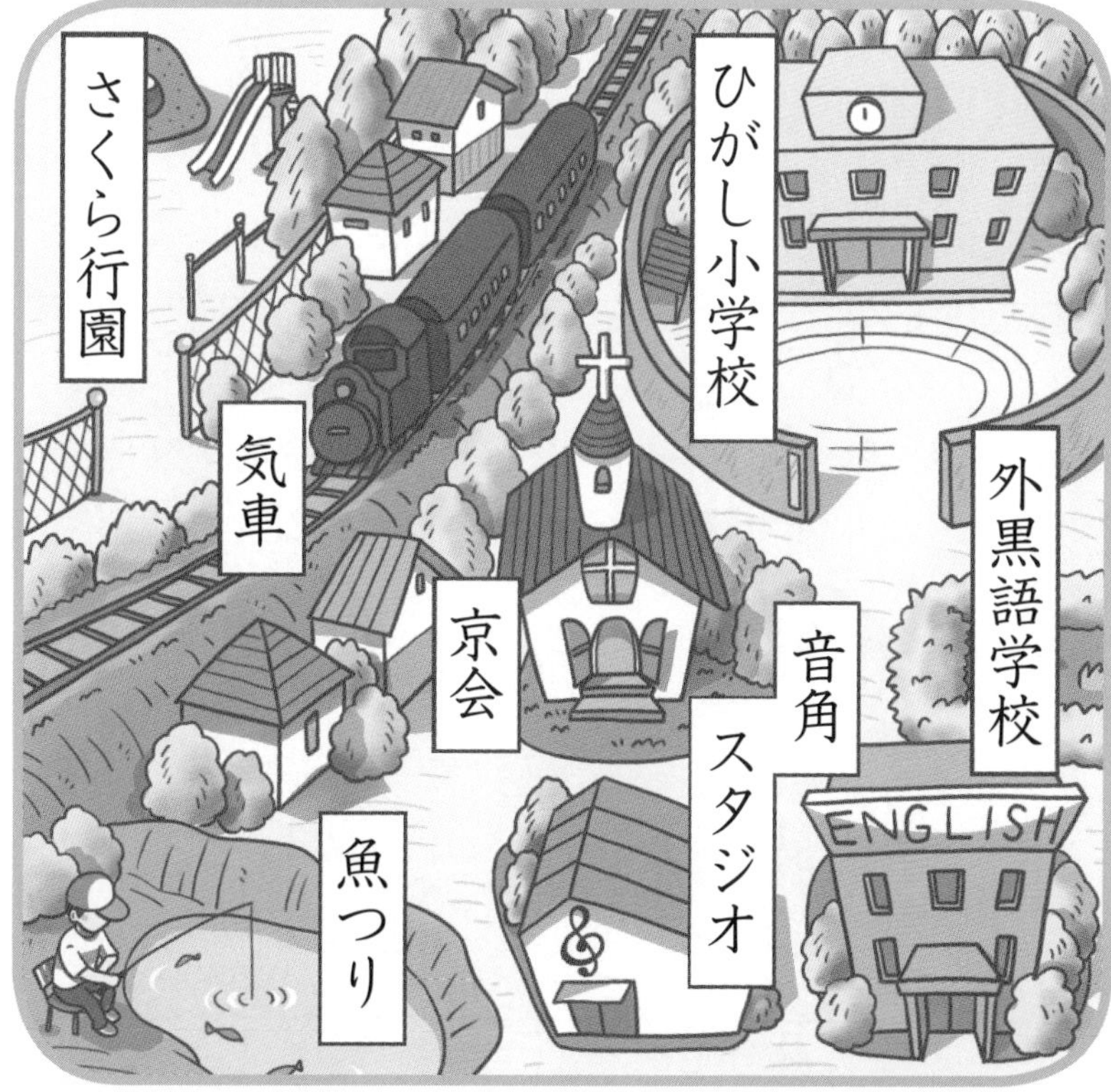

かんばんをよくみましょう。

作

7画

サク
サ
つく（る）

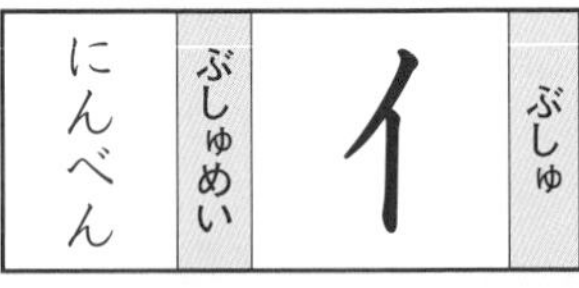

ぶしゅ	ぶしゅめい
亻	にんべん

ことばとつかいかた

作文（さくぶん／さくもん）　工作（こうさく）

▲作業（さぎょう）　▲動作（どうさ）

人形（にんぎょう）を作（つく）る

算

14画

サン

ぶしゅ	ぶしゅめい
⺮	たけかんむり

ことばとつかいかた

算数（さんすう）

計算（けいさん）

▲暗算（あんざん）がとくいだ

止

4画

シ
と（まる）
と（める）

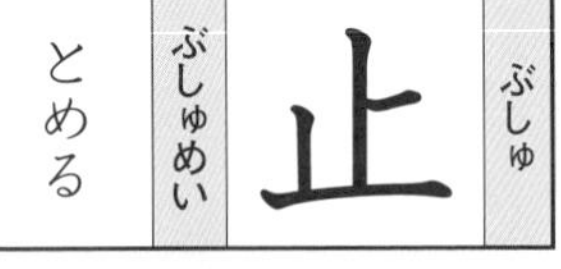

ぶしゅ	ぶしゅめい
止	とめる

ことばとつかいかた

中止（ちゅうし）

通行止（つうこうど）め

わらいが止（と）まらない

市

シ
いち

5画

ぶしゅ 巾
ぶしゅめい はば

ことばとつかいかた

市長(しちょう)　▲都市(とし)

朝市(あさいち)

市内(しない)を▲観光(かんこう)する

矢

シ㊍高
や

5画

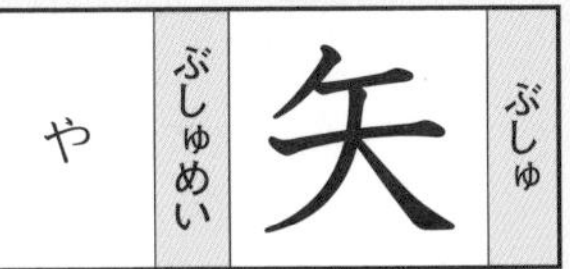
ぶしゅ 矢
ぶしゅめい や

ことばとつかいかた

一◎矢(いっし)をむくいる

矢(や)じるし

こいのぼりの矢車(やぐるま)　矢(や)をいる

姉

シ㊥
あね

8画

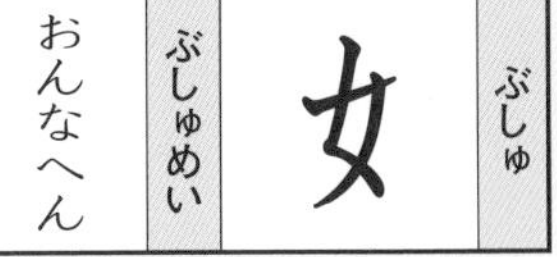
ぶしゅ 女
ぶしゅめい おんなへん

ことばとつかいかた

◎姉◎妹(しまい)　姉(あね)と妹(いもうと)

★姉(ねえ)さん

姉(あね)と歩(ある)く

1 つぎの――線の漢字に読みがなをつけなさい。

① つかったお金を計算する。（　　）（　　）

② 田んぼで米を作る。（　　）（　　）

③ 雨でおまつりが中止になる。（　　）（　　）

④ 弓と　矢をつかってかりをする。（　　）（　　）

⑤ 市長が学校に来る。（　　）（　　）

⑥ お姉さんがべん強を教えてくれる。（　　）（　　）

2 つぎの漢字の太いところは何番めに書きますか。○の中に数字を書きなさい。

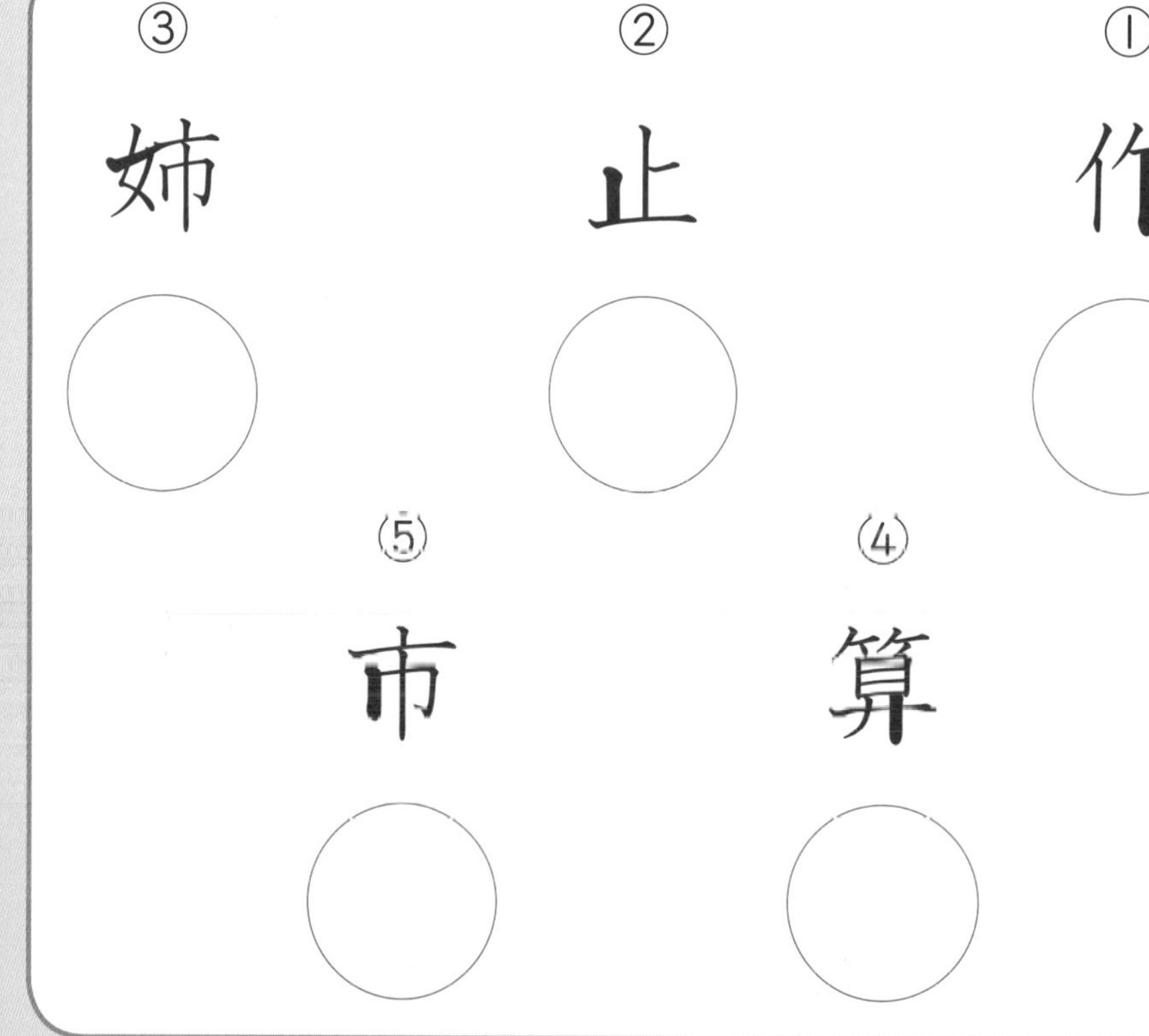

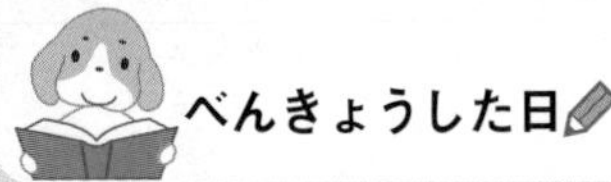

3 ⑦と㋑のカードを組み合わせて、漢字をつくりなさい。（カードはそれぞれ一回ずつつかいます。）

①
⑦ ム 玉 父 ラ
㋑ 𠆢 亠 口 八

②
⑦ 乍 田 市 巾
㋑ 糸 女 亠 亻

4 つぎの□に漢字を書きなさい。

① □（あに）は□（さん）数がとくいだ。

② □（いち）場で□（さかな）を買う。

③ □（とお）くから□（や）をはなつ。

④ 学校で□□（さくぶん）を書く。

⑤ □（あか）しんごうで□（と）まる。

⑥ □（あね）と□（なつ）まつりに行く。

思

シ
おも（う）

9画

ぶしゅ　心
ぶしゅめい　こころ

ことばとつかいかた

▲思案(しあん)にくれる
思(おも)い出(で)
午後(ごご)からは雨(あめ)だと思(おも)う

紙

シ
かみ

10画

ぶしゅ　糸
ぶしゅめい　いとへん

ことばとつかいかた

半紙(はんし)
紙(かみ)ひこうき
手紙(てがみ)を書(か)く

寺

ジ
てら

6画

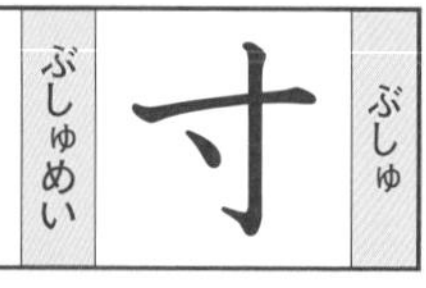
ぶしゅ　寸
ぶしゅめい　すん

ことばとつかいかた

寺社(じしゃ)
お寺(てら)まいり
寺(てら)でひと休(やす)みする

自

ジ　シ　みずか(ら)

ぶしゅ	自	ぶしゅめい	みずから

ことばとつかいかた

自▲転車(じてんしゃ)　大自▲然(だいしぜん)
自▲信(じしん)をもつ
自(みずか)らの力(ちから)で▲勝(か)つ

時

ジ　とき

ぶしゅ	日	ぶしゅめい	ひへん

ことばとつかいかた

時▲報(じほう)　三時(さんじ)のおやつ
一年生(いちねんせい)の時(とき)の▲写▲真(しゃしん)　★時計(とけい)
時間(じかん)がたつのをわすれる

室

シツ　むろ㊥

ぶしゅ	宀	ぶしゅめい	うかんむり

ことばとつかいかた

室内(しつない)　地下室(ちかしつ)
◎室町時▲代(むろまちじだい)
▲水泳教室(すいえいきょうしつ)に通(かよ)う

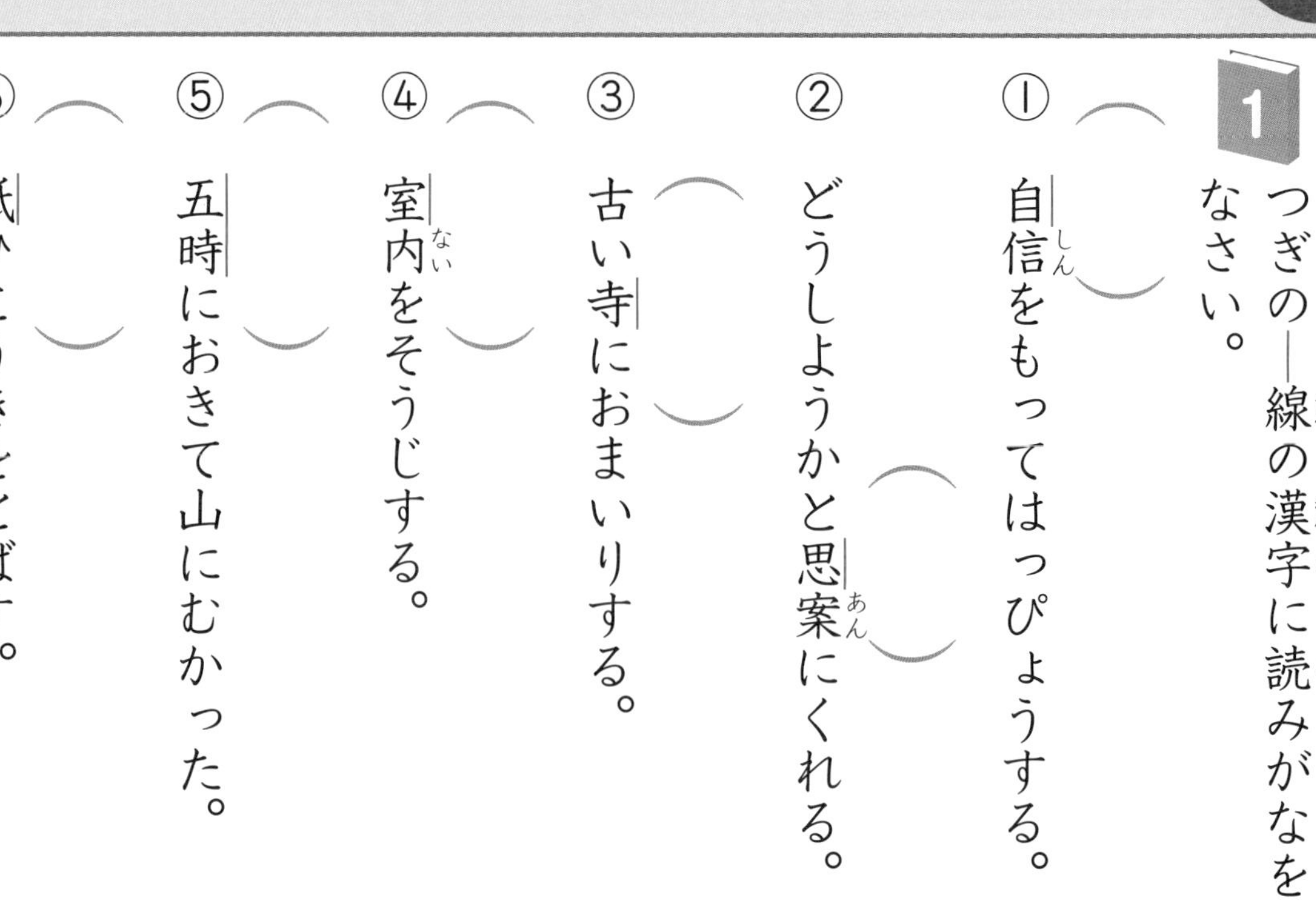

1 つぎの――線の漢字に読みがなをつけなさい。

① 自信をもってはっぴょうする。（　　）

② どうしようかと思案にくれる。（　　）（　　）

③ 古い寺におまいりする。（　　）

④ 室内をそうじする。（　　）

⑤ 五時におきて山にむかった。（　　）

⑥ 紙ひこうきをとばす。（　　）

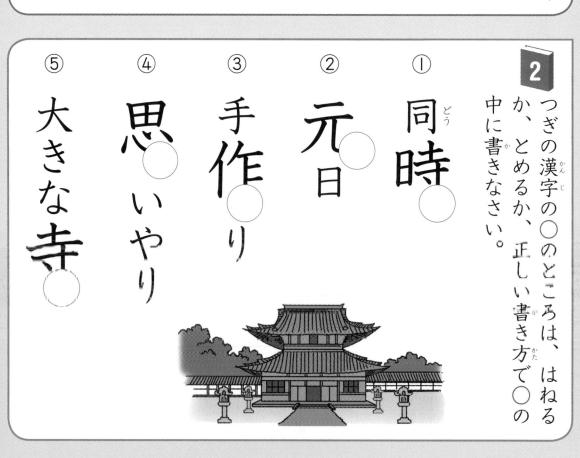

2 つぎの漢字の○のところは、はねるか、とめるか、正しい書き方で○の中に書きなさい。

① 同時○

② 元○日

③ 手作○り

④ 思○いやり

⑤ 大きな寺○

3 同じ読み方をしても、ちがう漢字があります。□に書きなさい。

① ㋐ おやつを［こう］平に分ける。
　 ㋑ ［こう］通がべんりになる。

② ㋐ ［じ］てん車で買いものに行く。
　 ㋑ 学校までの［じ］間を計る。

③ ㋐ 新聞［し］をすてる。
　 ㋑ ［し］長さんに会う。

4 つぎの□に漢字を書きなさい。

① そろばんの［きょう］［しつ］に通う。

② ［みずか］らの［ちから］をためす。

③ お［てら］の門をくぐる。

④ ［とき］は［かね］なりということわざ。

⑤ ［かみ］コップに［みず］を入れる。

⑥ ［おも］い出を［かた］る。

社

シャ
やしろ

7画

ぶしゅ	ネ	ぶしゅめい	しめすへん

ことばとつかいかた

社長（しゃちょう）　会社（かいしゃ）
お社（やしろ）
▲神社（じんじゃ）にまいる

弱

ジャク
よわ（い）
よわ（る）
よわ（まる）
よわ（める）

10画

ぶしゅ	弓	ぶしゅめい	ゆみ

ことばとつかいかた

弱点（じゃくてん）　強弱（きょうじゃく）をつける
ひなが弱（よわ）る
ガスの火（ひ）を弱（よわ）める

首

シュ
くび

9画

ぶしゅ	首	ぶしゅめい	くび

ことばとつかいかた

首位（しゅい）▲
長（なが）い首（くび）
ダイヤモンドの首（くび）かざりを見（み）る

春

9画

シュン
はる

ぶしゅ：日
ぶしゅめい：ひ

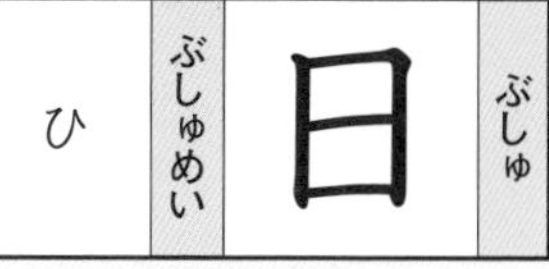

ことばとつかいかた

春分の日
春休み
春の野原を歩く

週

11画

シュウ

ぶしゅ：⻌
ぶしゅめい：しんにょう しんにゅう

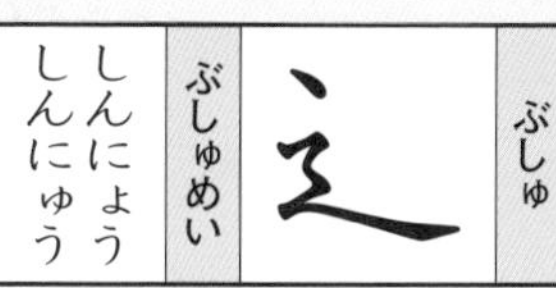

ことばとつかいかた

週末
▲一週間
来週のよていを立てる

秋

9画

シュウ
あき

ぶしゅ：禾
ぶしゅめい：のぎへん

ことばとつかいかた

秋分の日
読書の秋
秋の夕べに虫が鳴く

1 つぎの―線の漢字に読みがなをつけなさい。

① 秋分( )の日に月見( )をする。
② 雨( )が少し弱( )くなった。
③ 今週( )にはつゆに入り( )そうだ。
④ 早春( )に白いウメの花( )がさく。
⑤ お社( )の鳥居が見え( )る。
⑥ 首( )を長くして兄の帰り( )をまつ。

2 つぎの□に漢字を書きなさい。

① 空……□(うみ)
② 春……□(あき)
③ 強い……□(よわ)い
④ うごく……□(と)まる

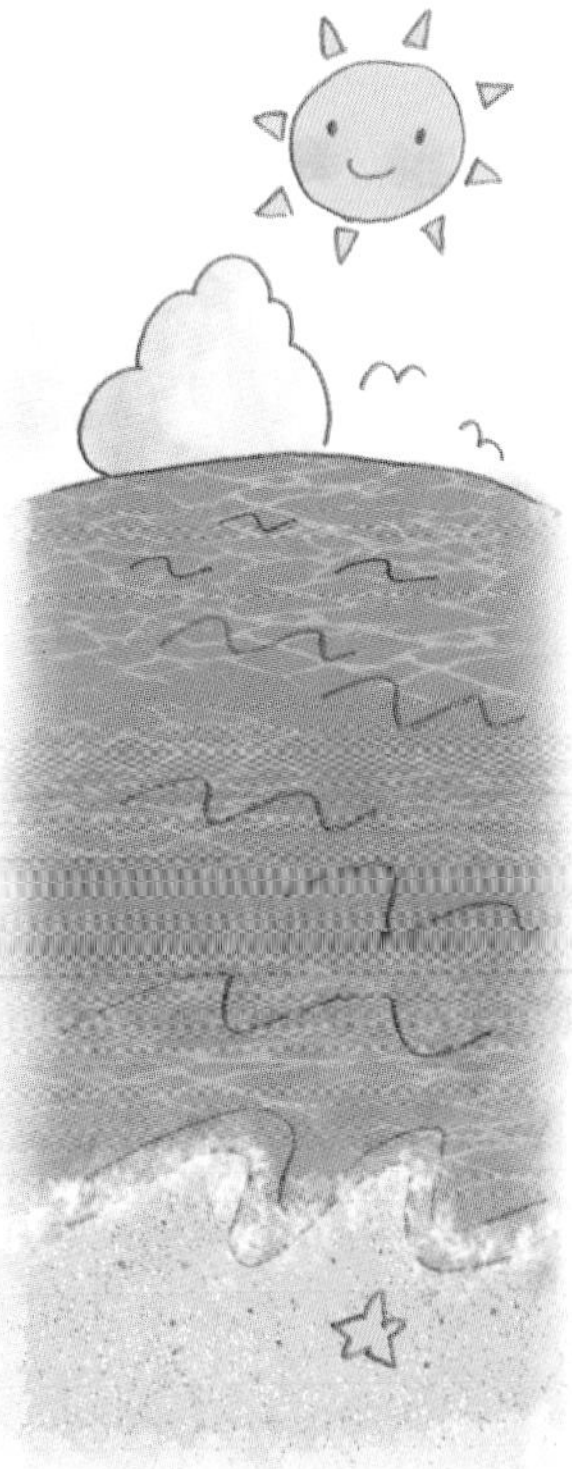

3

つぎの――線のカタカナを○の中の漢字とひらがなで書きなさい。

（れい　㊣　<u>タダシイ</u>字を書く。　正しい）

① 歌　大きな口をあけて<u>ウタウ</u>。　□

② 楽　<u>タノシイ</u>話を聞く。　□

③ 帰　電車にのって<u>カエル</u>。　□

④ 弱　足こしが<u>ヨワル</u>。　□

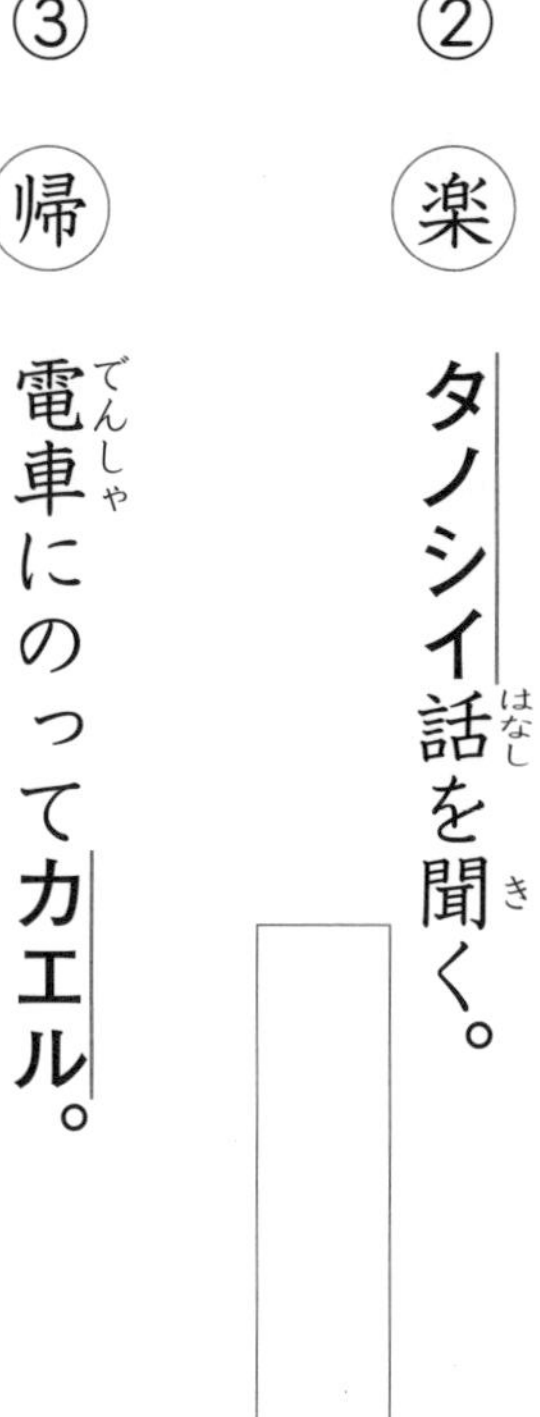

4

つぎの□に漢字を書きなさい。

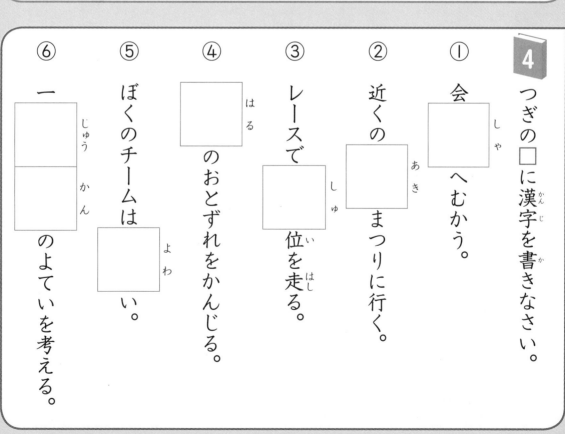

① 会□（しゃ）へむかう。

② 近くの□（あき）まつりに行く。

③ レースで□（しゅ）位を走る。

④ □（はる）のおとずれをかんじる。

⑤ ぼくのチームは□（よわ）い。

⑥ 一□（じゅう）□（かん）のよていを考える。

書

ショ
か(く)

10画

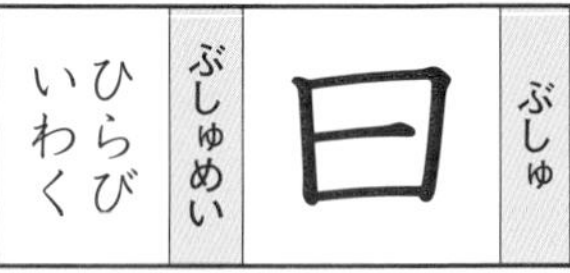
ぶしゅ：日
ぶしゅめい：ひらび　いわく

ことばとつかいかた

書店（しょてん）
教科書（きょうかしょ）
日記（にっき）を書（か）く

少

ショウ
すく(ない)
すこ(し)

4画

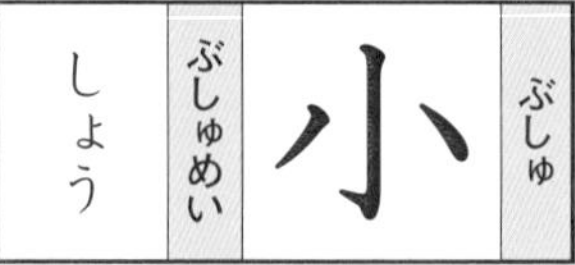
ぶしゅ：小
ぶしゅめい：しょう

ことばとつかいかた

少女（しょうじょ）　多少（たしょう）
少（すこ）しだけ食（た）べる
★今年（ことし）の冬（ふゆ）は雪（ゆき）が少（すく）ない

場

ジョウ
ば

12画

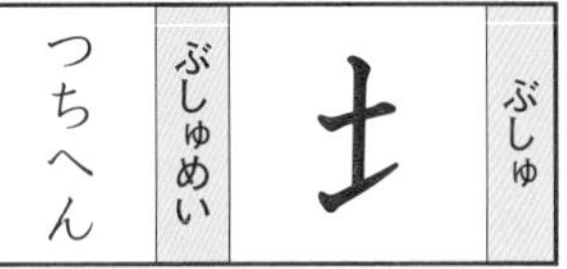
ぶしゅ：土
ぶしゅめい：つちへん

ことばとつかいかた

うんどう場（じょう）
場所（ばしょ）▲　広場（ひろば）
大会（たいかい）に出場（しゅつじょう）する

色

ショク
シキ
いろ

6画

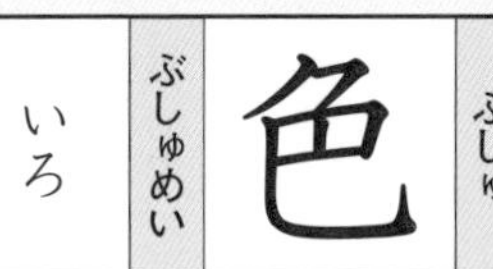
ぶしゅ 色 ぶしゅめい いろ

ことばとつかいかた

十二色(じゅうにしょく)のクレヨン
色(いろ)えんぴつ
黄色(きいろ)い風船(ふうせん)を買(か)う

食

ショク
ジキ㊢
く(う)
く(らう)㊢
た(べる)

9画

ぶしゅ 食 ぶしゅめい しょく

ことばとつかいかた

食▲塩(しょくえん)　夕食(ゆうしょく)　▲断食(だんじき)◎
のみ食(く)い
▲面食(めんく)らう◎　ごはんを食(た)べる

心

シン
こころ

4画

ぶしゅ 心 ぶしゅめい こころ

ことばとつかいかた

火(ひ)の用心(ようじん)
やさしい心(こころ)
★明日(みょうにち/あす)の天気(てんき)を心▲配(しんぱい)する

1 つぎの—線の漢字に読みがなをつけなさい。

① 草むらの中心に立つ。

② 戸だなのとびらが少しあいている。

③ 色えんぴつで絵をかく。

④ 夕食までに家に 帰る。

⑤ 市のサッカー大会に出場する。

⑥ 毎日、日記を書く。

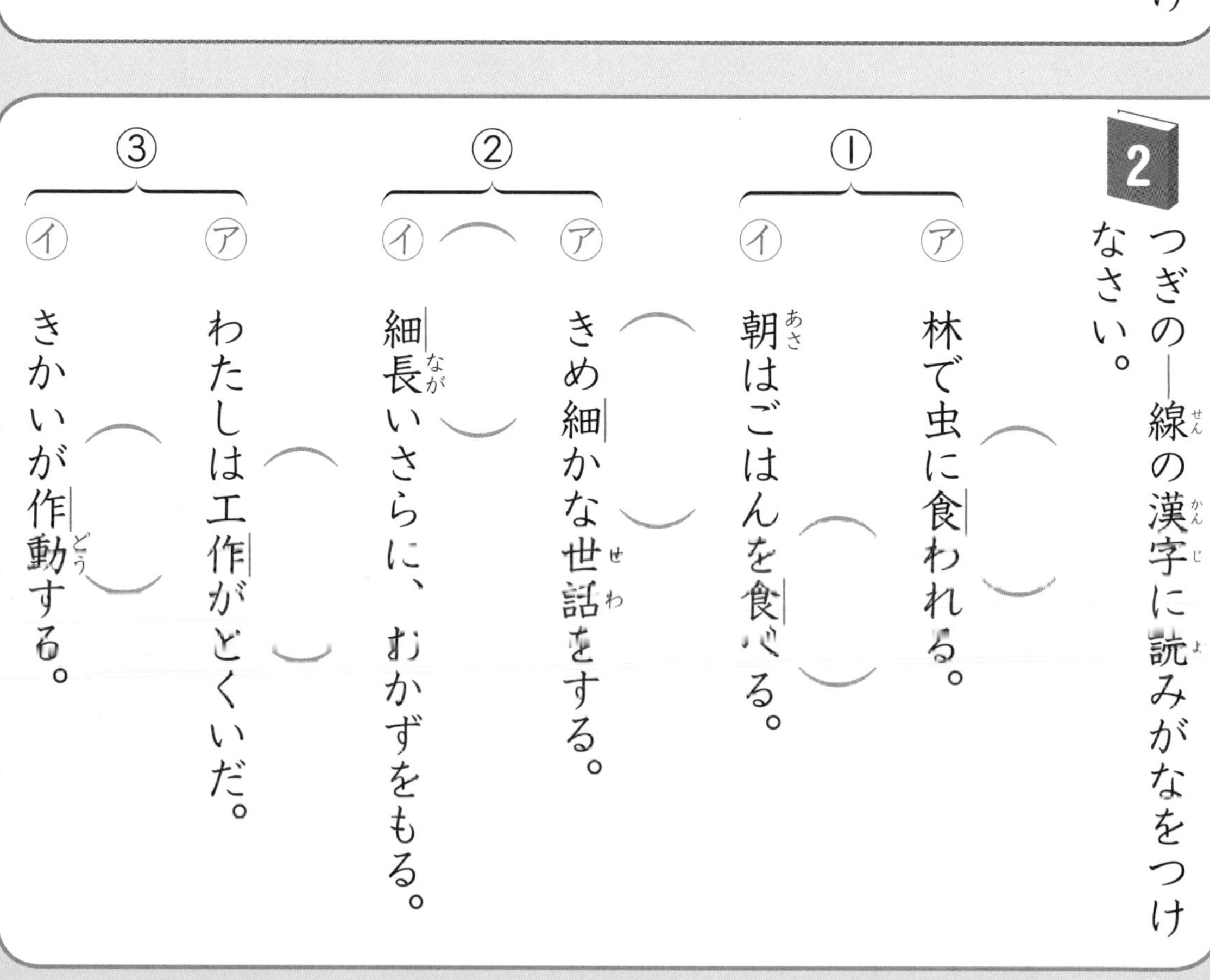

2 つぎの—線の漢字に読みがなをつけなさい。

① ア 林で虫に食われる。
　 イ 朝はごはんを食べる。

② ア きめ細かな世話をする。
　 イ 細長いさらに、おかずをもる。

③ ア わたしは工作がとくいだ。
　 イ きかいが作動する。

3 つぎの漢字(かんじ)の○のところは、はねるか、とめるか、正しい書き方(かた)で○の中に書きなさい。

① 市○やくしょ

② 弱○い雨

③ 火の用(よう)心○

④ 外○国の船(ふね)

⑤ 元○気な声(こえ)

4 つぎの□に漢字(かんじ)を書きなさい。

① □(しょ)店(てん)で□(ほん)を買(か)う。

② □(あき)になると山が□(いろ)づく。

③ 三□(じ)におやつを□(た)べる。

④ みんなが□□(ひろば)にあつまる。

⑤ □(じ)分(ぶん)の□(こころ)とむき合う。

⑥ げきで□□(しょうじょ)のやくをする。

新

シン
あたら(しい)
あら(た)
にい

ぶしゅ	ぶしゅめい
斤	おのづくり

ことばとつかいかた

新入生（しんにゅうせい）　▲最新（さいしん）のゲーム
新しい（あたら）くつ　新妻（にいづま・▲しんさい）
思い（おも）を新た（あら）にする

親

シン
おや
した(しい)
した(しむ)

ぶしゅ	ぶしゅめい
見	みる

ことばとつかいかた

親切（しんせつ）　▲両親（りょうしん）
親子（おやこ）　親しい（した）友（とも）だち
読書（どくしょ）に親しむ（した）

ズ
ト
はか(る)㊥

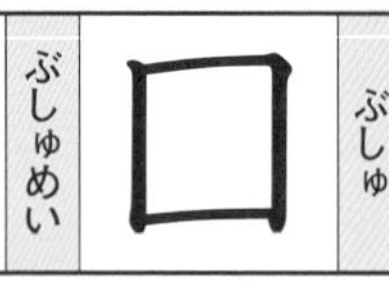

ぶしゅ	ぶしゅめい
口	くにがまえ

ことばとつかいかた

図工（ずこう）　地図（ちず）
図書▲館（としょかん）
合図（あいず）をきめる

学力▲向上（がくりょくこうじょう）◎を図る（はか）

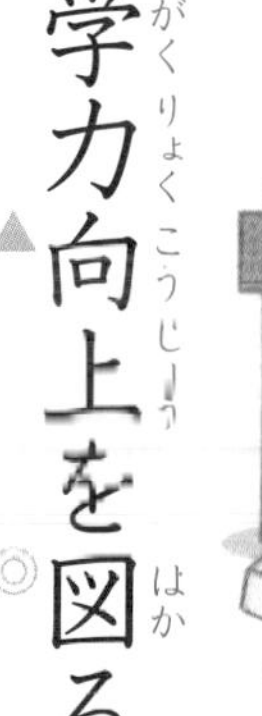

数

13画

スウ
ス㊔
かず
かぞ（える）

ぶしゅ	ぶしゅめい
攵	のぶん ぼくづくり

ことばとつかいかた

数字（すうじ）
数え歌（かぞえうた）
★◎数▲寄▲屋（すきや）づくり
百（ひゃく）まで数（かぞ）える

西

6画

セイ
サイ
にし

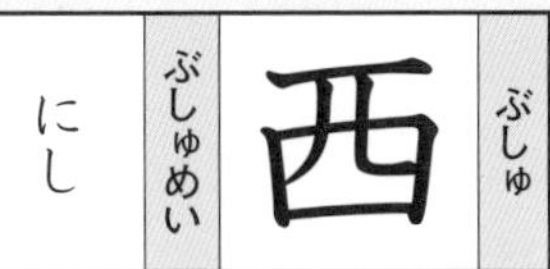

ぶしゅ	ぶしゅめい
西	にし

ことばとつかいかた

西▲洋（せいよう）
▲関西（かんさい）
夕日（ゆうひ）が西（にし）にしずむ

声

7画

セイ
ショウ㊔
こえ
こわ㊥

ぶしゅ	ぶしゅめい
士	さむらい

ことばとつかいかた

声▲量（せいりょう）
◎大音声（だいおんじょう）
歌声（うたごえ）
◎声色（こわいろ）
小鳥（ことり）の鳴（な）き声（ごえ）を聞（き）く

1 つぎの―線の漢字に読みがなをつけなさい。

① みんなに親切にしよう。（　　）

② 声がよく聞こえない。（　　）

③ 図をつかってせつ明する。（　　）

④ かごにあるリンゴを数える。（　　）

⑤ 新せんな魚をえらぶ。（　　）

⑥ 西洋のれきしをしらべる。（　　）

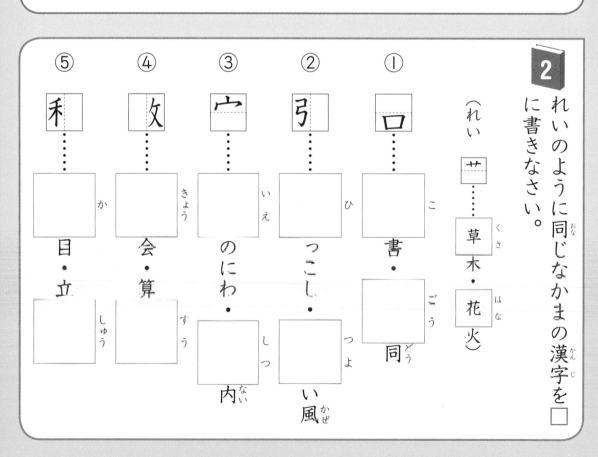

2 れいのように同じなかまの漢字を□に書きなさい。

（れい　艹……□（くさ）木・□（はな）火）

① 口……□（こ）書・□（ごう）同

② 弓……□（ひ）っこし・□（つよ）い風

③ 宀……□（いえ）のにわ・□（しつ）内

④ 攵……□（きょう）会・□（すう）算

⑤ 禾……□（か）目・□（しゅう）立

3 つぎの□に漢字(かんじ)を書き、上のことばとはんたいのいみのことばをむすびなさい。

① 古い ・ ・ □(おや)
② 子 ・ ・ □(や)
③ 弓 ・ ・ □(たに)
④ 山 ・ ・ □(あたら)しい

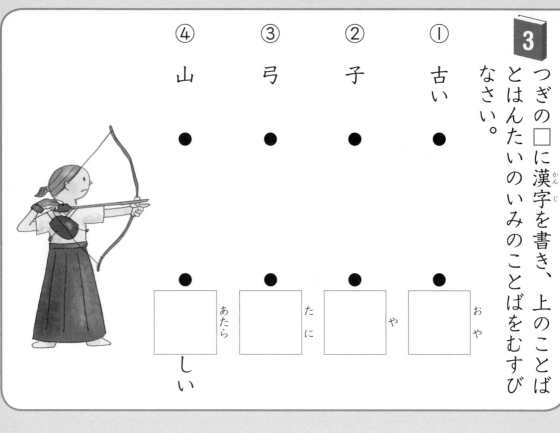

4 つぎの□に漢字(かんじ)を書きなさい。

① □(しん)友(ゆう)の□(いえ)にとまる。
② □(なつ)休みに□(しん)かん線(せん)にのった。
③ ラジオの□□(おんせい)がわるい。
④ としの□(かず)だけまめを□(た)べる。
⑤ □□(としょ)館(かん)に行く。
⑥ えきの□(にし)にある□(し)やくしょ。

9級

力だめし 3

ステップ 11－15

1

つぎの――線(せん)の漢字(かんじ)に読(よ)みがなをつけなさい。〈一つ2点(てん)　計50点(てん)〉

① ぼくは算数の計算がとくいだ。（　）（　）（　）

② 姉のわらい声がする。（　）（　）

③ 図工の　時間にはこを作る。（　）（　）（　）（　）

④ 先週の火曜日(かようび)に色えんぴつを買(か)った。（　）（　）（　）

⑤ 新しい　自てん車でぼく場に行く。（　）（　）（　）（　）

⑥ 手首にほうたいをまく。（　）（　）

⑦ 夕方(がた)、西に日がしずむ。（　）（　）（　）

⑧ 親を大切(たいせつ)に　思う　心をそだてる。（　）（　）（　）

⑨ 自分(ぶん)で朝(あさ)の食事(じ)をつくる。（　）（　）（　）

⑩ 細くて　弱いうでをきたえる。（　）（　）

⑪ 雨でハイキングが中止になる。（　）（　）

⑫ 時間が少し足りない。（　）（　）

100

80

50

とくてん

点

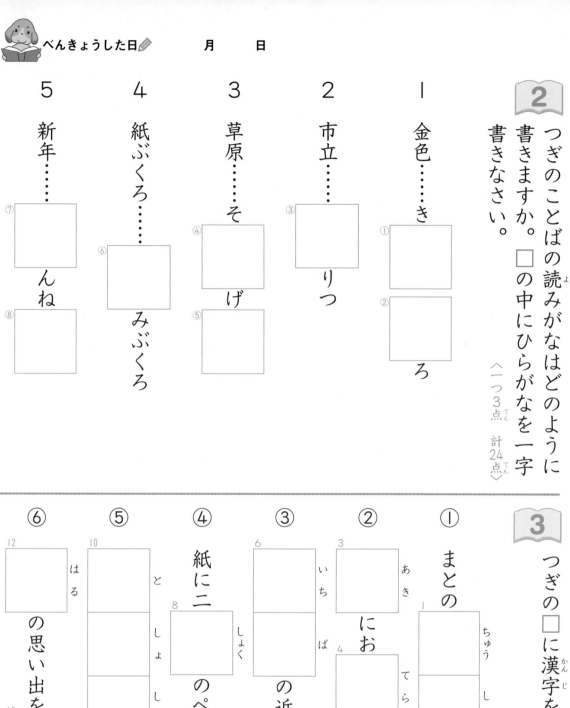

2

つぎのことばの読(よ)みがなはどのように書きますか。□の中にひらがなを一字書きなさい。〈一つ3点(てん)　計24点(てん)〉

1　金色……き①□②□ろ

2　市立……③□りつ

3　草原……そ④□げ⑤□

4　紙ぶくろ……⑥□みぶくろ

5　新年……⑦□んね⑧□

3

つぎの□に漢字(かんじ)を書きなさい。〈一つ2点(てん)　計26点(てん)〉

①　まとの[1](ちゅうしん)に[2](や)をいる。

②　[3](あき)にお[4](てら)と神(じん)[5](じゃ)に行く。

③　[6](いちば)の近くで魚を[7](た)べる。

④　紙に二[8](しょく)のペンで[9](ず)をかく。

⑤　[10](としょしつ)で[11](ほん)を読(よ)む。

⑥　[12](はる)の思い出を[13](さくぶん)にかく。

ひとやすみ クイズであそぼ！3

◆さかなのおなかに漢字が書いてあります。「二」が上につくと、一つのことばになる漢字をえらんですすみ、ゴールをめざしましょう。

引
工
原
近
広
羽
名
黄
外
時
気
楽
回
ゴール
心

星

セイ
ショウ㊥
ほし

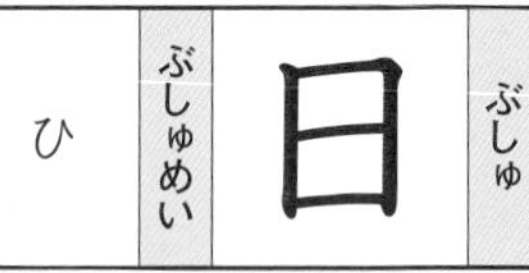

ことばとつかいかた

人工▲衛星（じんこうえいせい）　土星（どせい）

明星（みょうじょう）◎　ながれ星（ぼし）

星空（ほしぞら）を見上（みあ）げる

晴

セイ
は（れる）
は（らす）

ことばとつかいかた

晴天（せいてん）　▲快晴（かいせい）

見晴（みは）らし台（だい）

これは正月（しょうがつ）の晴（は）れ▲着（ぎ）だ

切

セツ
サイ㊥
き（る）
き（れる）

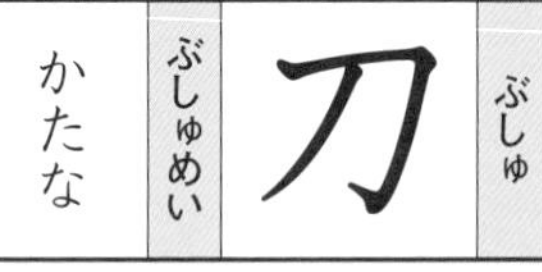

ことばとつかいかた

大切（たいせつ）　一切（いっさい）◎

切手（きって）　二（ふた）つに切（き）る

雲（くも）の切（き）れ間（ま）から月（つき）が見（み）える

雪

セツ
ゆき

11画

ぶしゅ 雨 ぶしゅめい あめかんむり

ことばとつかいかた

▲積雪(せきせつ)
雪国(ゆきぐに)
雪(ゆき)だるまを作(つく)る

船

セン
ふね
ふな

11画

ぶしゅ 舟 ぶしゅめい ふねへん

ことばとつかいかた

船長(せんちょう)　風船(ふうせん)
船(ふな)のり
船(ふね)がみなとに入(はい)る

線

セン

15画

ぶしゅ 糸 ぶしゅめい いとへん

ことばとつかいかた

線路(せんろ)　電線(でんせん)
線(せん)を引(ひ)く
▲新幹線(しんかんせん)にのる

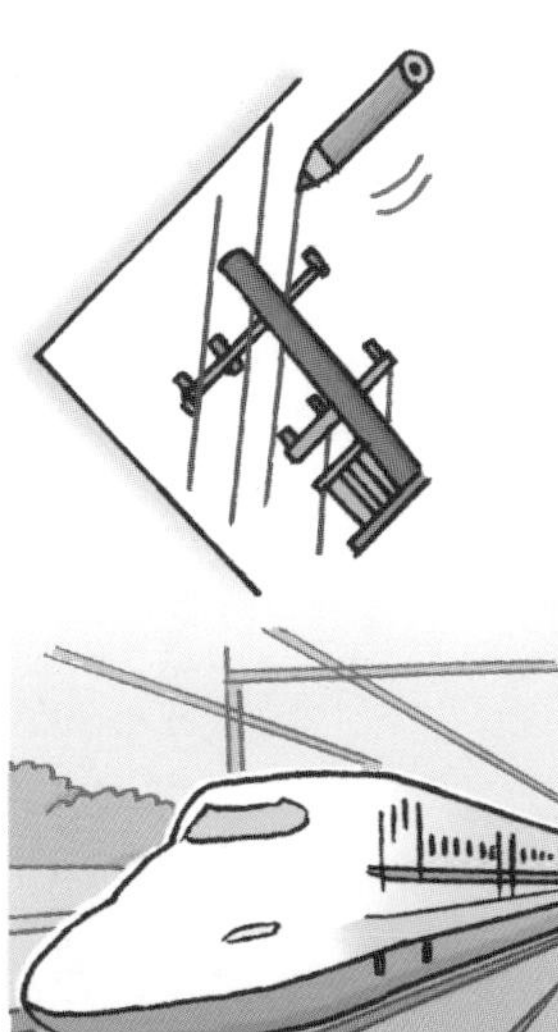

つぎの――線の漢字に読みがなをつけなさい。

① 休み時間に雪がっせんをする。（　）（　）

② 黄色い　風船が空へとんで行く。（　）（　）

③ ほしいと思う人形が売り切れる。（　）（　）

④ 白紙に線を引く。（　）（　）

⑤ 人工衛星がはっきり見える。（　）（　）

⑥ 今週は　晴天の日がつづいている。（　）（　）

2 つぎの漢字の○のところは、はねるか、とめるか、正しい書き方で○の中に書きなさい。

① 切○りとり線

② 心○くばり

③ 親○子

④ 天才○

⑤ ゾウの耳○

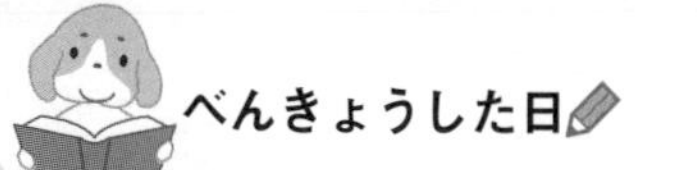

3 ㋐と㋑のカードを組み合わせて、漢字をつくりなさい。（カードはそれぞれ一回ずつつかいます。）

①
㋐ ヨ　青　合　泉
㋑ 日　舟　雨　糸

②
㋐ 生　見　昜　火
㋑ 土　禾　亲　日

4 つぎの□に漢字を書きなさい。

① □（せん）路がどこまでもつづく。

② 夜空（よぞら）に□（ほし）がかがやく。

③ はがきに□□（きって）をはる。

④ 朝（あさ）から□（ゆき）がふりつづく。

⑤ □（ふな）たびを楽しむ。

⑥ あしたは□（は）れるといいな。

前

ゼン
まえ

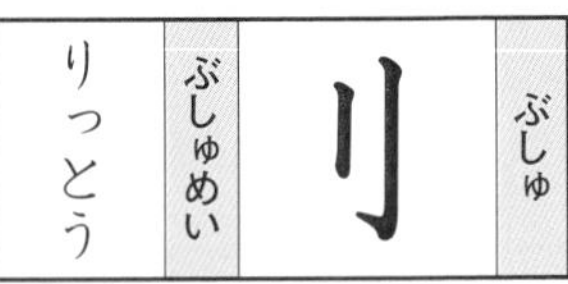

ことばとつかいかた

前後左右（ぜんごさゆう）　午前中（ごぜんちゅう）

名前（なまえ）

前（まえ）へ▲進（すす）む

組

ソ
く(む)
くみ

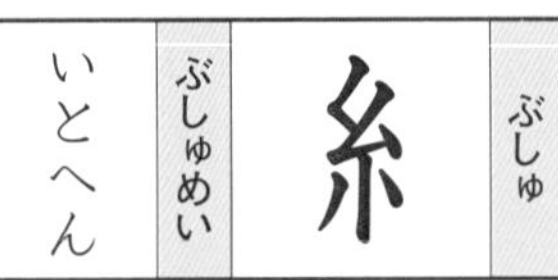

ことばとつかいかた

組▲織（そしき）　二年三組（にねんさんくみ）

テレビ番組（ばんぐみ）

うでを組（く）む

走

ソウ
はし(る)

ことばとつかいかた

走▲者（そうしゃ）

▲競走（きょうそう）

馬（うま）が走（はし）る

タ
おお（い）

ことばとつかいかた

多少（たしょう）
人（ひと）が多（おお）い
多数（たすう）▲決（けつ）をとる

タイ
タ
ふと（い）
ふと（る）

ことばとつかいかた

太（たい）▲陽（よう）
丸太（まるた）
せきとりのうでは太（ふと）い

タイ
テイ㊥
からだ

ことばとつかいかた

体力（たいりょく）　体（たい）▲育（いく）
◎体（てい）▲裁（さい）
体（からだ）をきたえる

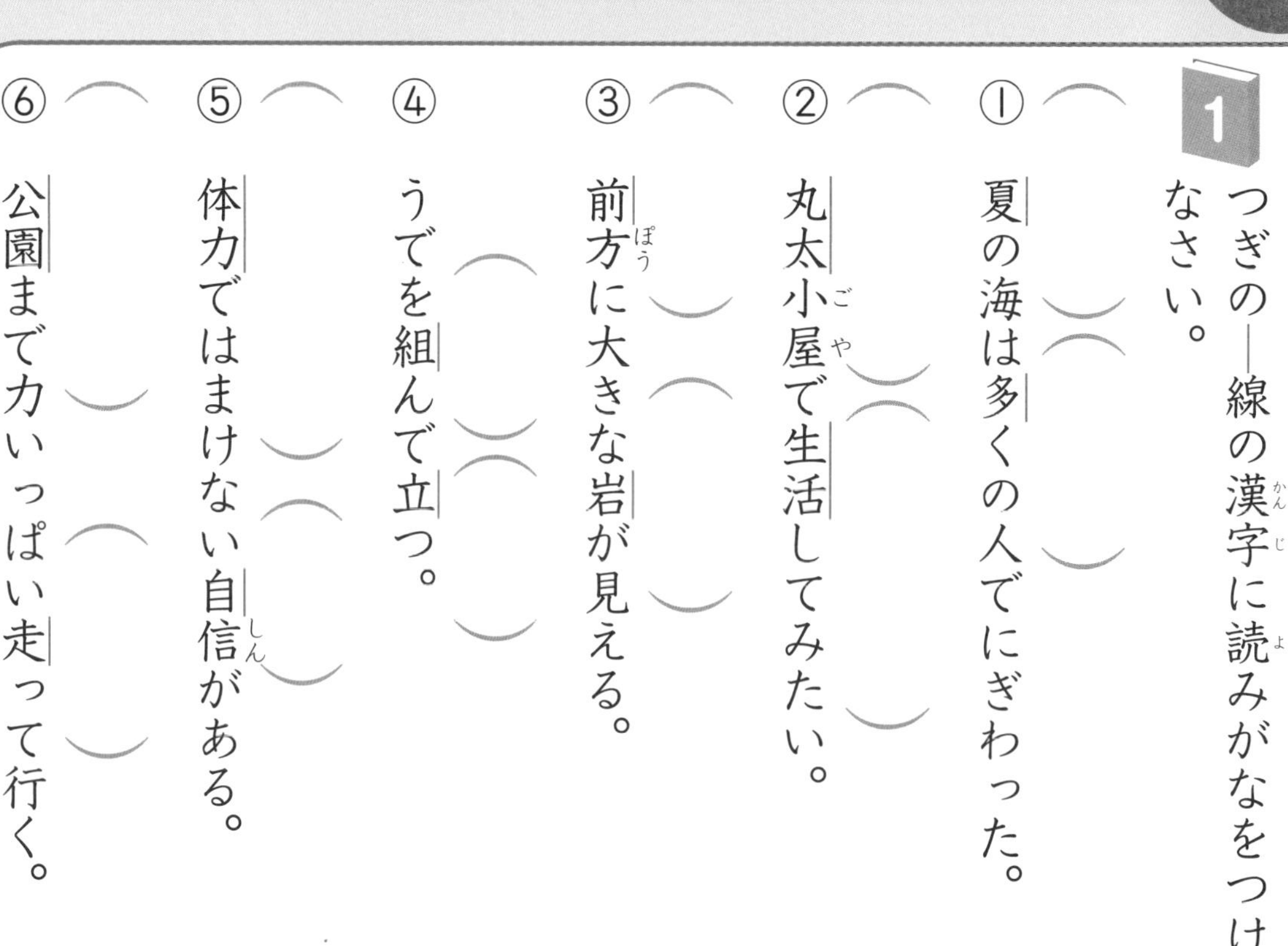

1 つぎの―線の漢字に読みがなをつけなさい。

① 夏の海は多くの人でにぎわった。

② 丸太小屋(ごや)で生活してみたい。

③ 前方(ぼう)に大きな岩が見える。

④ うでを組んで立つ。

⑤ 体力ではまけない自信(しん)がある。

⑥ 公園まで力いっぱい走って行く。

2 つぎの□に漢字を書きなさい。

① 後ろ……□(まえ)

② 雨……□(は)れ

③ 細い……□(ふと)い

④ 兄……□(あね)

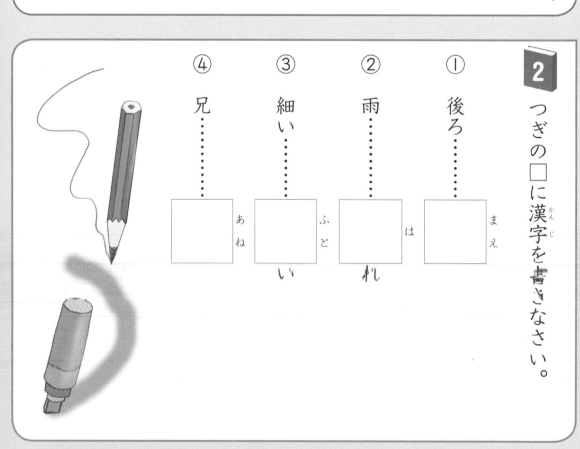

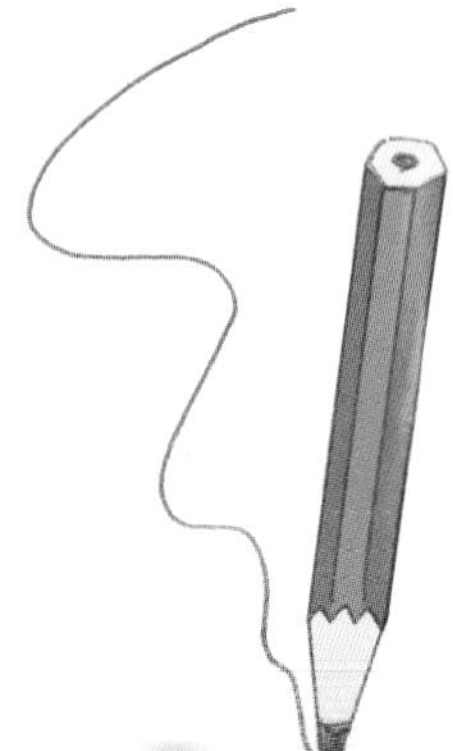

3

つぎの──線の漢字に読み（よ）がなをつけなさい。

①
㋐ 肉（にく）を切（　）り分（わ）ける。
㋑ ものを大切（　）につかう。

②
㋐ きれいな星（　）空を見る。
㋑ 火星（　）が地（ち）きゅうに近づく。

③
㋐ テスト用紙（ようし）に名前（　）を書く。
㋑ 午前（　）中にそうじをおわらせる。

4

つぎの□に漢字（かんじ）を書きなさい。

① つな□（ひ）きは赤□（ぐみ）がかった。
② □（たい）ようが□（にし）にしずむ。
③ リレーで□□（りきそう）する。
④ □□（ぜんご）をよくたしかめる。
⑤ 学級会（がっきゅうかい）で□□（たすう）決（けつ）をとる。
⑥ □（すい）えいで□（からだ）をきたえる。

台

ダイ
タイ

ことばとつかいかた

天文台(てんもんだい)
台風(たいふう)
すべり台(だい)であそぶ

地

ジ
チ

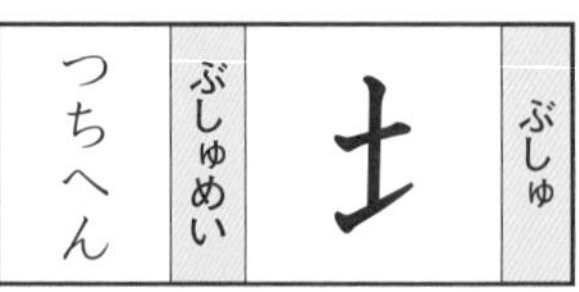

ことばとつかいかた

地下(ちか)▲鉄(てつ)
地(じ)▲面(めん)
▲遊(ゆう)園(えん)地(ち)に行(い)く

池

チ
いけ

ことばとつかいかた

電池(でんち)
大(おお)きな池(いけ)
池(いけ)の魚(さかな)にえさをやる

知

チ
し(る)

8画

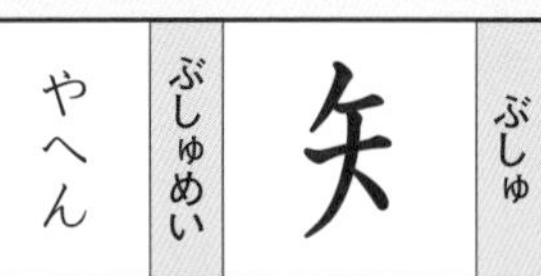
ぶしゅ 矢
ぶしゅめい やへん

ことばとつかいかた

知識(ちしき)▲ 未知(みち)▲
もの知(し)り
きけんを知(し)らせる

茶

チャ
サ㊥

9画

ぶしゅ 艹
ぶしゅめい くさかんむり

ことばとつかいかた

茶(ちゃ)わん 麦茶(むぎちゃ)
▲喫茶(きっさ)◎
お茶(ちゃ)をいれる

昼

チュウ
ひる

9画

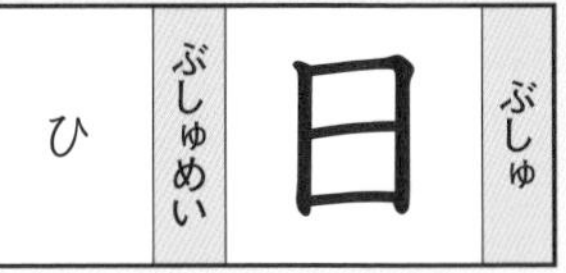
ぶしゅ 日
ぶしゅめい ひ

ことばとつかいかた

昼食(ちゅうしょく)の時間(じかん)
昼休(ひるやす)み
昼(ひる)ごはんを食(た)べる

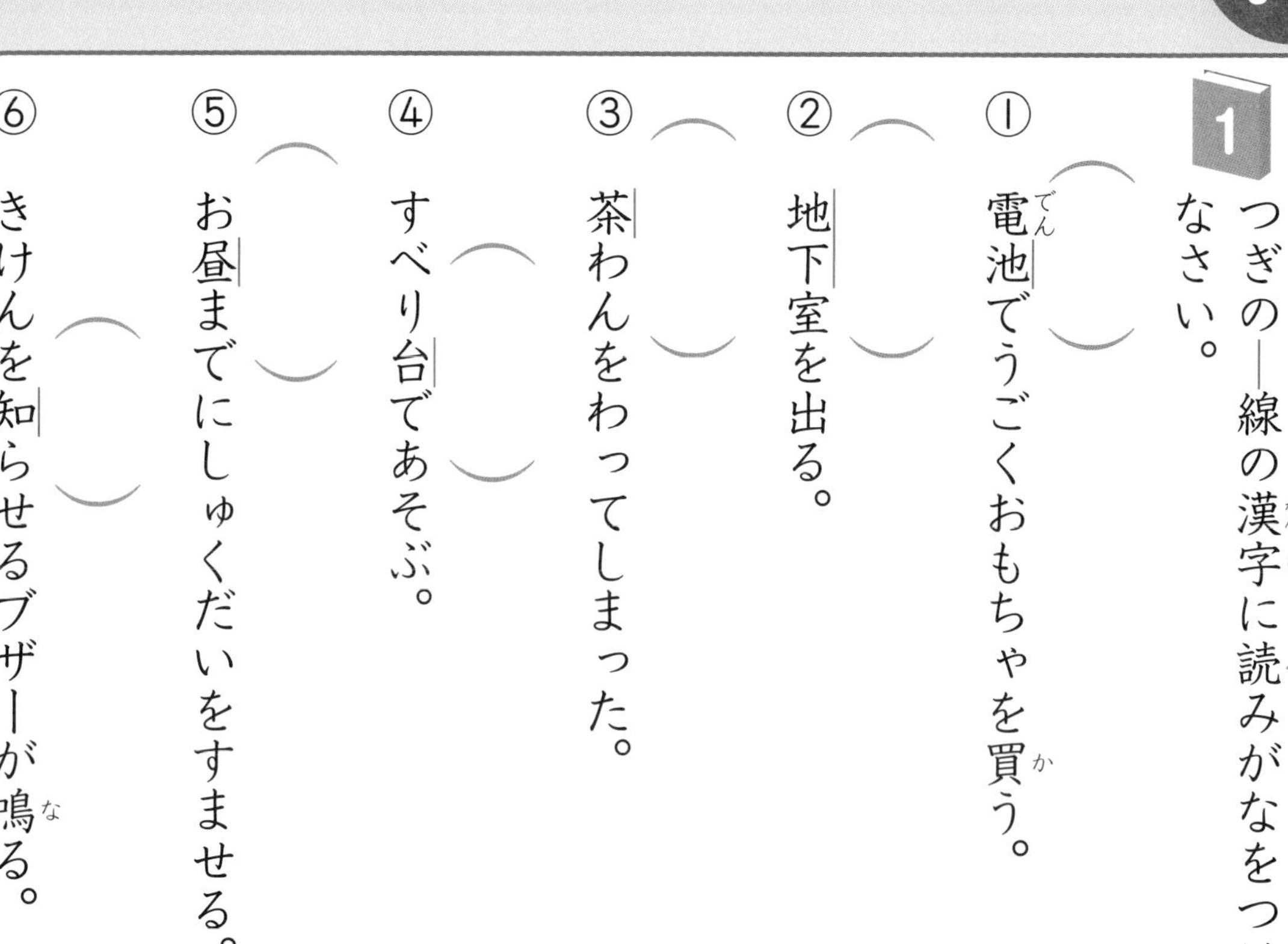

1 つぎの―線の漢字に読みがなをつけなさい。

① 電池でうごくおもちゃを買う。（　　）

② 地下室を出る。（　　）

③ 茶わんをわってしまった。（　　）

④ すべり台であそぶ。（　　）

⑤ お昼までにしゅくだいをすませる。（　　）

⑥ きけんを知らせるブザーが鳴る。（　　）

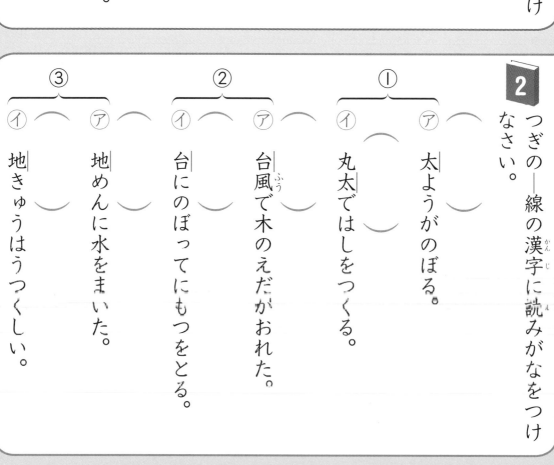

2 つぎの―線の漢字に読みがなをつけなさい。

①
㋐ 太ようがのぼる。（　　）
㋑ 丸太ではしをつくる。（　　）

②
㋐ 台風で木のえだがおれた。（　　）
㋑ 台にのぼってにもつをとる。（　　）

③
㋐ 地めんに水をまいた。（　　）
㋑ 地きゅうはうつくしい。（　　）

3 れいのように同(おな)じなかまの漢字(かんじ)を□に書きなさい。

（れい　艹……草(くさ)木・花(はな)火）

① 土……工[じょう]・土[ち]

② 言……日[き]・[けい]画

③ 口……[ず]工・雪[ぐに]

④ 艹……お[ちゃ]・[そう]原

⑤ 氵……[き]船・ちょ水[ち]

4 つぎの□に漢字(かんじ)を書きなさい。

① [こうえん]に[いけ]がある。

② [ひるやす]みに外に出る。

③ [だい]どころで[さかな]をやく。

④ [ちゃいろ]のくつをはく。

⑤ [ちず]を[ひろ]げる。

⑥ 父(ちち)が[ちじん]をたずねる。

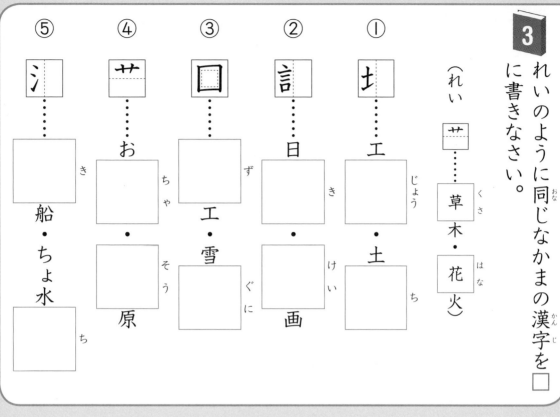

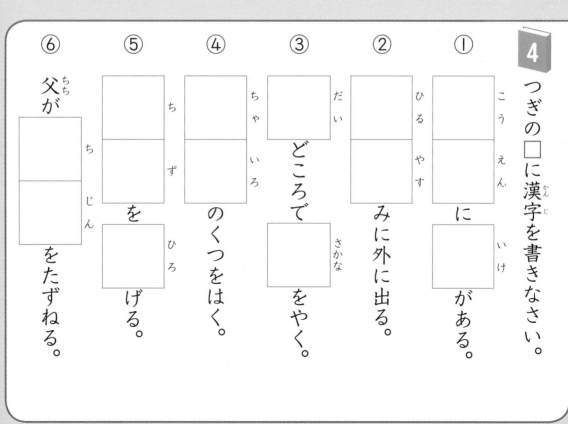

長

チョウ
なが（い）

ことばとつかいかた

長方形（ちょうほうけい）　校長先生（こうちょうせんせい）

長（なが）ぐつ

かみの毛（け）が長（なが）い

鳥

チョウ
とり

ことばとつかいかた

白鳥（はくちょう）

鳥小屋（とりごや）▲　親鳥（おやどり）

野鳥（やちょう）をかんさつする

朝

チョウ
あさ

ことばとつかいかた

朝刊（ちょうかん）▲

朝日（あさひ）

朝（あさ）ごはんを食（た）べる

直

8画

チョク
ジキ
ただ（ちに）
なお（す）
なお（る）

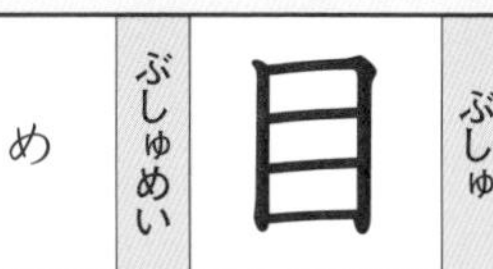

ぶしゅ	目	ぶしゅめい	め

ことばとつかいかた

直線（ちょくせん）
正直（しょうじき）な人（ひと）
こわれたおもちゃを直（なお）す

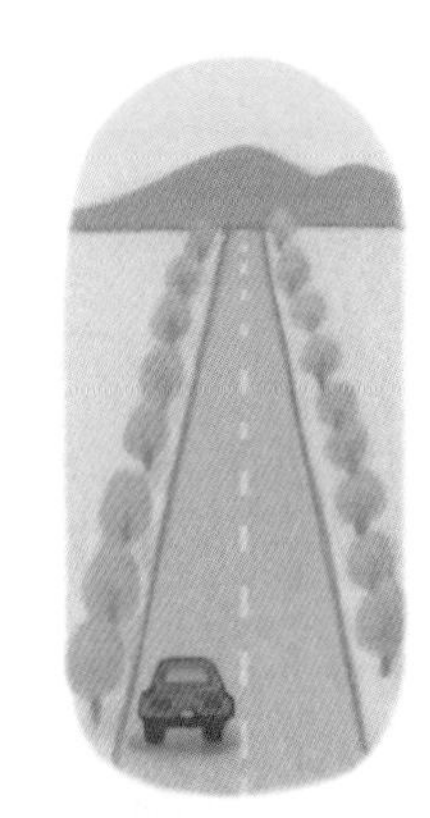

通

10画

ツウ
ツ㊟
とお（る）
とお（す）
かよ（う）

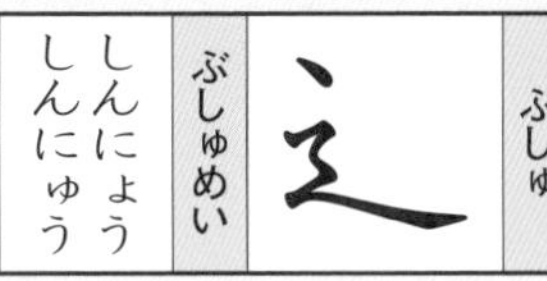

ぶしゅ	⻌	ぶしゅめい	しんにょう しんにゅう

ことばとつかいかた

通学路（つうがくろ）▲
◎通夜（つや）
大通（おおどお）り
学校（がっこう）に通（かよ）う

弟

7画

テイ㊥
ダイ
デ㊥
おとうと

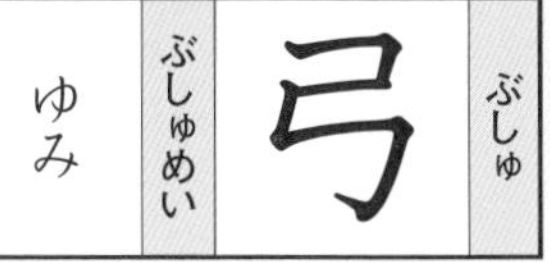

ぶしゅ	弓	ぶしゅめい	ゆみ

ことばとつかいかた

子弟（してい）
◎兄弟（きょうだい）（◎けいてい）
◎弟子（でし）
弟（おとうと）は電車（でんしゃ）がすきだ

1 つぎの—線の漢字に読みがなをつけなさい。

① 直線のきょりを走る。（　）（　）
② 弟となかよく　犬のさんぽに行く。（　）（　）
③ 校長先生が　音楽室に来た。（　）（　）
④ 母のところに一通の手紙がとどく。（　）（　）
⑤ 鳥かごの戸をあける。（　）（　）
⑥ 早朝にさむくて目がさめた。（　）（　）

2 つぎの漢字を書くじゅんばんは、どちらが正しいでしょう。正しい方のきごうに○をつけなさい。

① 弟
㋐ 丶 丷 䒑 䒑 弟 弟 弟
㋑ 丶 丷 䒑 䒑 弟 弟 弟

② 直
㋐ 一 十 𠆢 𠂇 有 直 直
㋑ 丨 冂 冃 月 且 𥃭 直

③ 通
㋐ 乛 龴 丙 甬 甬 涌 通
㋑ 乛 龴 丙 甬 甬 涌 通

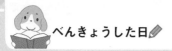

3 つぎの～線のひらがなを漢字で書くと、どちらが正しいですか。正しい方のきごうに○をつけなさい。

① じてん車 ㋐白てん車 ㋑自てん車

② ご前 ㋐牛前 ㋑午前

③ すくない ㋐少ない ㋑小ない

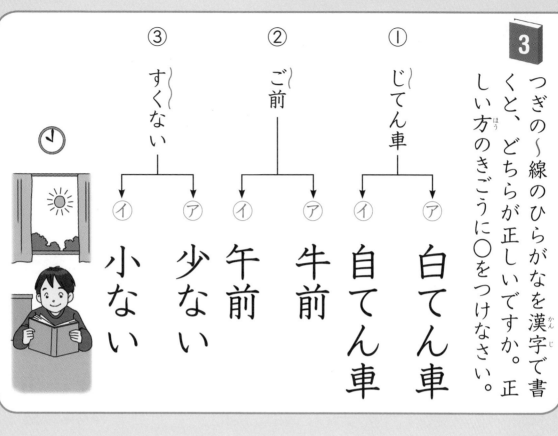

4 つぎの□に漢字を書きなさい。

① 小□(とり)をへやでかう。

② 友(とも)だちとじゅくに□(かよ)う。

③ こわれたテレビを□(なお)す。

④ □(なが)いかみの毛(け)をしばる。

⑤ □(あさ)ごはんのしたくをする。

⑥ □(おとうと)はリンゴがすきだ。

店

テン
みせ

8画

ぶしゅ：广
ぶしゅめい：まだれ

ことばとつかいかた

店員（てんいん）　▲商店（しょうてん）

夜店（よみせ）

新（あたら）しい店（みせ）ができる

点

テン

9画

ぶしゅ：灬
ぶしゅめい：れんが　れっか

ことばとつかいかた

点線（てんせん）

▲終点（しゅうてん）　百点（ひゃくてん）

同点（どうてん）で引（ひ）き分（わ）ける

電

デン

13画

ぶしゅ：⻗
ぶしゅめい：あめかんむり

ことばとつかいかた

電車（でんしゃ）　電話（でんわ）

▲発電（はつでん）

電池（でんち）を入（い）れかえる

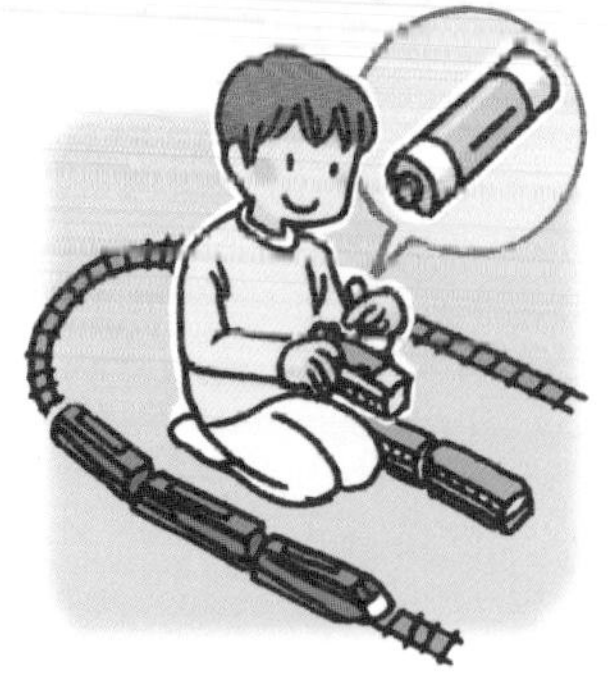

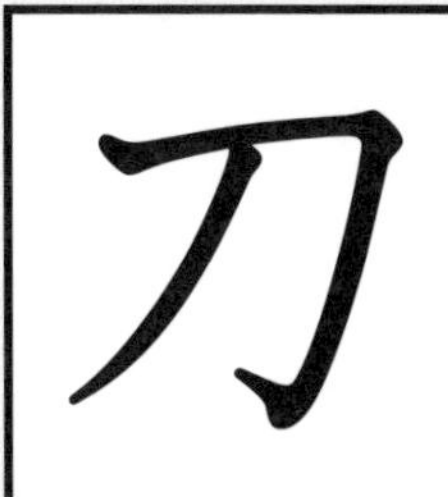

トウ
かたな

ぶしゅ	ぶしゅめい
刀	かたな

ことばとつかいかた

ちょうこく刀(とう)

木刀(ぼくとう)

古(ふる)い刀(かたな)を見(み)せてもらう

トウ
ふゆ

ぶしゅ	ぶしゅめい
冫	にすい

ことばとつかいかた

冬季(とうき)オリンピック ▲

冬休(ふゆやす)み

さむい冬(ふゆ)がやってくる

トウ
あ(たる)
あ(てる)

ぶしゅ	ぶしゅめい
⺌	しょう

ことばとつかいかた

当番(とうばん)　▲弁当(べんとう)

大当(おおあ)たり

まとにボールを当(あ)てる

1 つぎの―線の漢字に読みがなをつけなさい。

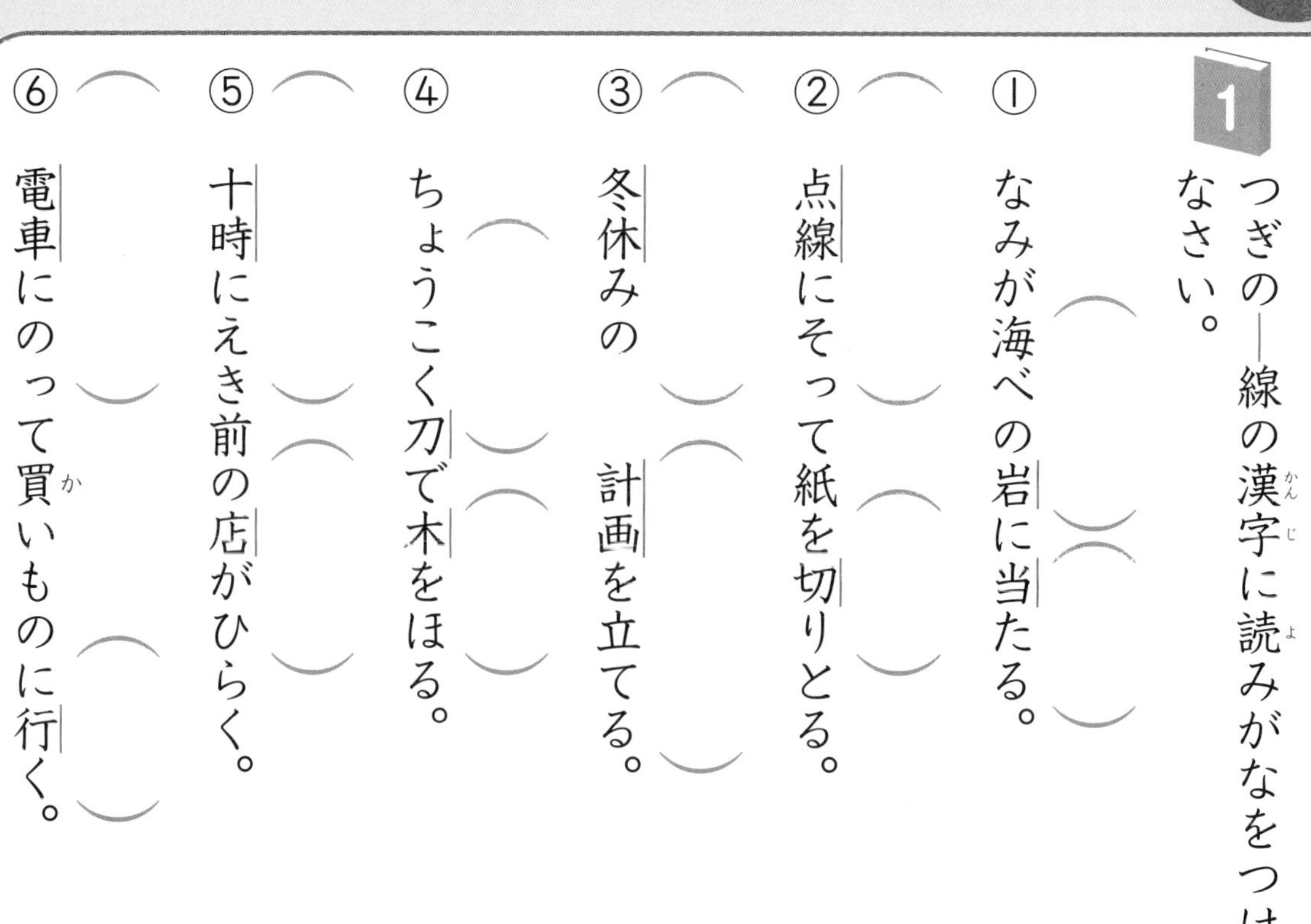

① なみが海べの岩に当たる。

② 点線にそって紙を切りとる。

③ 冬休みの計画を立てる。

④ ちょうこく刀で木をほる。

⑤ 十時にえき前の店がひらく。

⑥ 電車にのって買いものに行く。

2 れいのように同じなかまの漢字を□に書きなさい。

(れい) 艹……草木・花火 (くさ)(はな)

① 广……書□(てん)・□(ひろ)場

② 亻……□(たい)力・工□(さく)

③ 日……□(じ)間・□(せい)天

④ 雨……□(ゆき)だるま・□(でん)気

⑤ 糸……光□(せん)・番□(ぐみ)

3 つぎの漢字(かんじ)の太いところは何番(なんばん)めに書きますか。○の中に数字を書きなさい。

① 店 ○

② 点 ○

③ 電 ○

④ 冬 ○

⑤ 当 ○

4 つぎの□に漢字(かんじ)を書きなさい。

① □(ふる)い□(かたな)がかざってある。

② えきの売(ばい)□(てん)でお□(ちゃ)を買(か)う。

③ □(こく)板(ばん)けしの□(とう)番(ばん)になる。

④ □(ふゆ)の□(あいだ)、マフラーをする。

⑤ テストで□□(ひゃくてん)をとる。

⑥ □(おや)に□(でん)話(わ)をする。

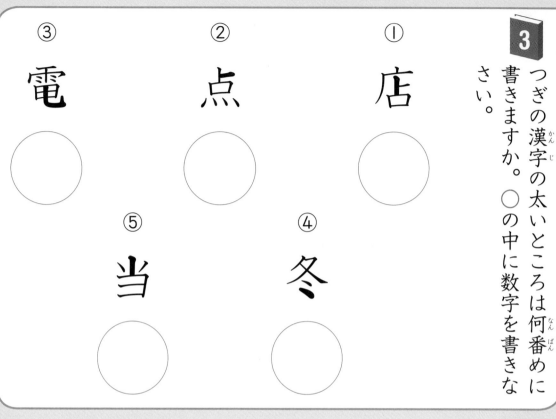

1 つぎの──線の漢字に読みがなをつけなさい。〈一つ2点 計44点〉

① えき前で知り合いに会った。（ ）（ ）（ ）

② 算数のテストの見直しをした。（ ）（ ）（ ）

③ 一台の車が家の前を通る。（ ）（ ）（ ）

④ 店で 電池を二つ買う。（ ）（ ）（ ）

⑤ 船のもけいを組み立てる。（ ）（ ）（ ）

⑥ お昼にお茶をのむ。（ ）（ ）（ ）

⑦ 今週はそうじ当番だ。（ ）（ ）（ ）

⑧ 交通ルールをまもることはとても大切だ。（ ）（ ）（ ）

⑨ むかしの刀について図書館でしらべる。（ ）（ ）（ ）

⑩ 市場で多くの魚を売っていた。（ ）（ ）（ ）

⑪ 兄とラジオ体そうをした。（ ）（ ）（ ）

100 80 50

とくてん　　点

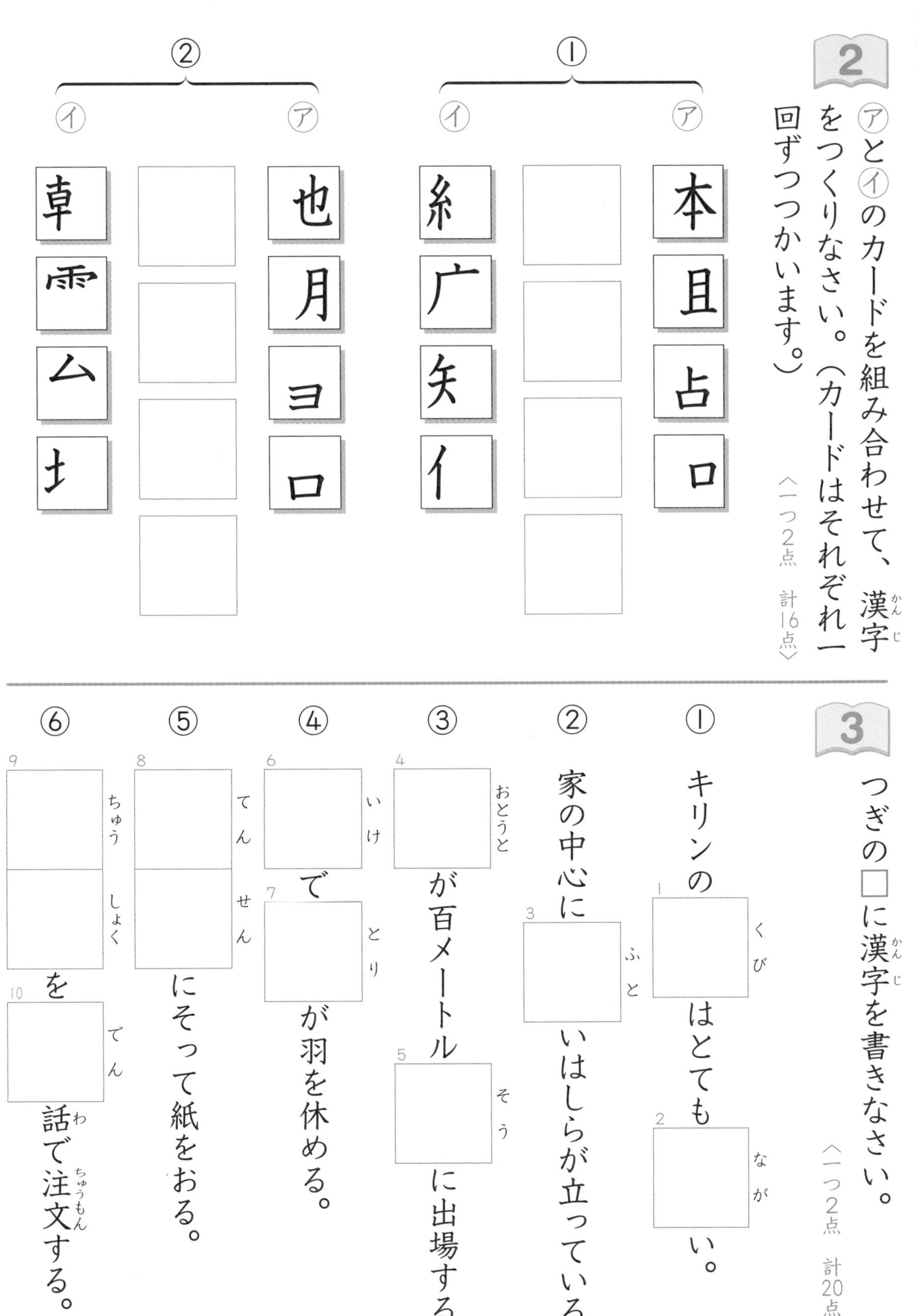

2 ㋐と㋑のカードを組み合わせて、漢字をつくりなさい。（カードはそれぞれ一回ずつつかいます。）〈一つ2点　計16点〉

①
㋐ 本　且　占　口
㋑ 糸　广　矢　亻

②
㋐ 也　月　ヨ　口
㋑ 卓　雨　ム　土

3 つぎの□に漢字を書きなさい。〈一つ2点　計20点〉

① キリンの［1 くび］はとても［2 なが］い。
② 家の中心に［3 ふと］いはしらが立っている。
③ ［4 おとうと］が百メートル［5 そう］に出場する。
④ ［6 いけ］で［7 とり］が羽を休める。
⑤ ［8 てんせん］にそって紙をおる。
⑥ ［9 ちゅうしょく］を［10 でん］話で注文する。

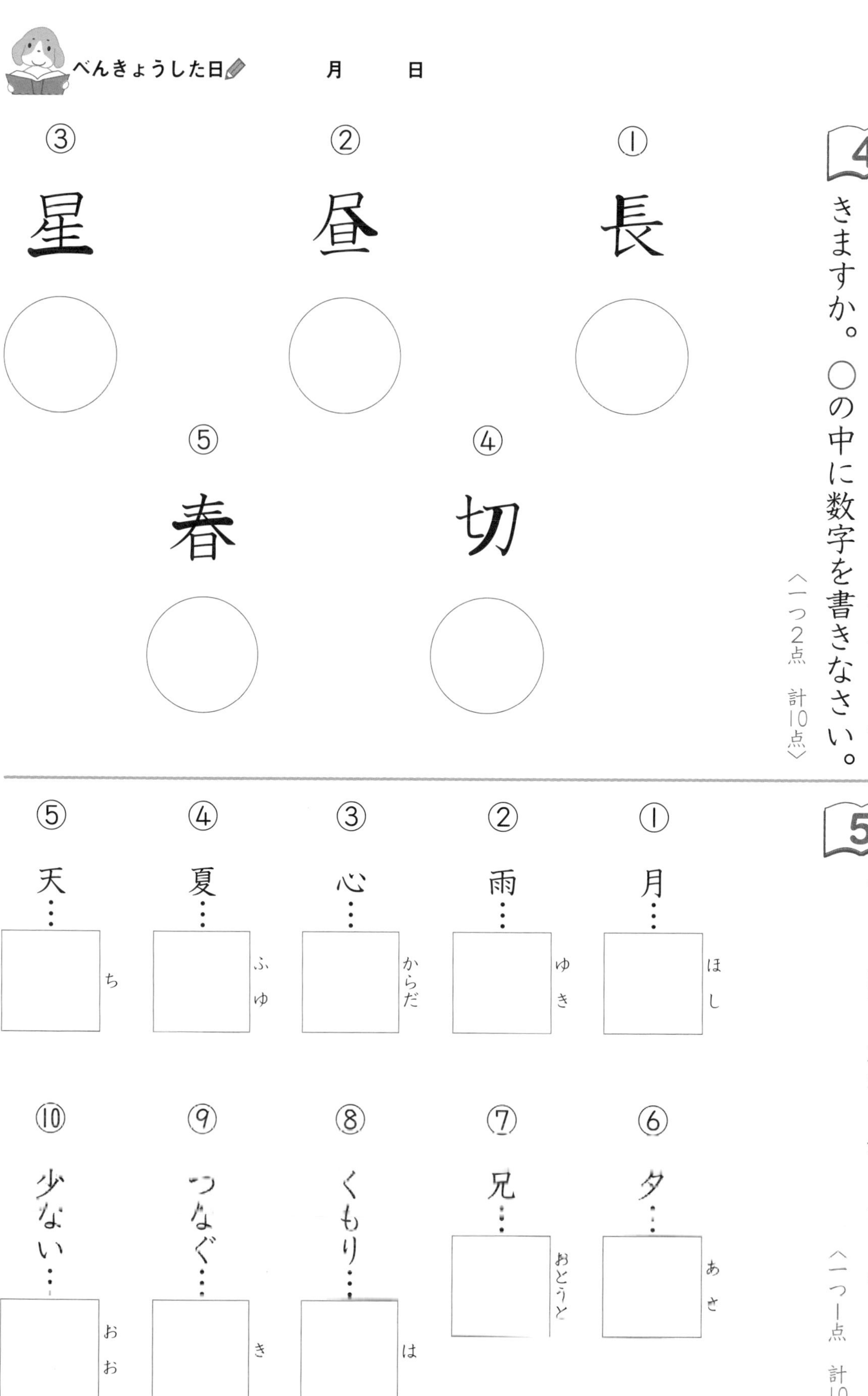

4 つぎの漢字（かんじ）の太いところは何番（なんばん）めに書きますか。◯の中に数字を書きなさい。〈一つ2点　計10点〉

① 長

② 昼

③ 星

④ 切

⑤ 春

5 つぎの□に漢字（かんじ）を書きなさい。〈一つ一点　計10点〉

① 月…□（ほし）

② 雨…□（ゆき）

③ 心…□（からだ）

④ 夏…□（ふゆ）

⑤ 天…□（ち）

⑥ 夕…□（あさ）

⑦ 兄…□（おとうと）

⑧ くもり…□（は）れ

⑨ つなぐ…□（き）る

⑩ 少ない…□（おお）い

ひとやすみ クイズであそぼ！4

◆漢字がバラバラになってしまいました。組み合わせて、正しい漢字にしてください。

①～③の漢字をならべかえると一つのことばができるよ。

答え

東

トウ
ひがし

8画

ぶしゅ	ぶしゅめい
木	き

ことばとつかいかた

東京(とうきょう)

東(ひがし)の空(そら)

東(ひがし)の方(ほう)へ歩(ある)いて行(い)く

答

トウ
こた(える)
こた(え)

12画

ぶしゅ	ぶしゅめい
⺮	たけかんむり

ことばとつかいかた

▲答案用紙(とうあんようし)　▲返答(へんとう)

しつもんに答(こた)える

頭

トウ
ズ
ト高
あたま
かしら中

16画

ぶしゅ	ぶしゅめい
頁	おおがい

ことばとつかいかた

頭上(ずじょう)　◎音頭(おんど)

頭(あたま)がいたい　◎頭文字(かしらもじ)

マラソンで先頭(せんとう)を走(はし)る

漢字（かんじ）れんしゅうノート 24ページ

ドウ
おな（じ）

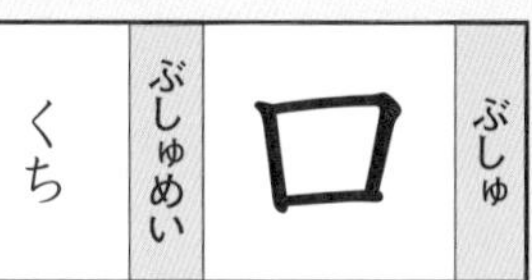

ことばとつかいかた

同数（どうすう）

同時（どうじ）

同（おな）じ色（いろ）のくつを買（か）う

道

ドウ
トウ㊯
みち

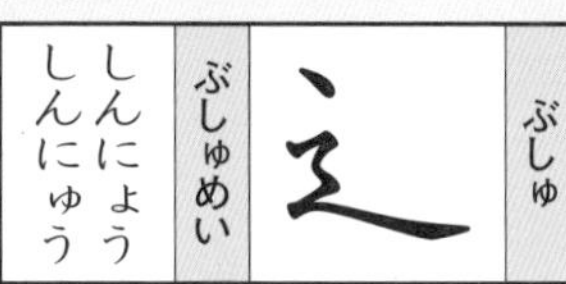

ことばとつかいかた

道具（どうぐ）▲　水道（すいどう）

▲神道（しんとう）◎　▲坂道（さかみち）

山（やま）の中（なか）で道（みち）にまよう

読

ドク
トク
トウ
よ（む）

ことばとつかいかた

読書（どくしょ）　音読（おんどく）

▲句読点（くとうてん）

絵本（えほん）をかりて読（よ）む

1 つぎの―線の漢字に読みがなをつけなさい。

① かぜをひいて頭がいたい。（　）
② 妹にむかし話を読んであげる。（　）
③ 父が東京へ出かける。（　）
④ もんだいに答える。（　）
⑤ じゅくでも同じクラスになる。（　）
⑥ デパートまでの道をたずねる。（　）

2 れいのように同じなかまの漢字を□に書きなさい。

（れい　艹……草（くさ）木・花（はな）火）

① 糸……□（かみ）しばい・□（こま）かい
② 頁……□（ず）上・□（かお）色
③ 竹……□（さん）数・回□（とう）
④ 言……国□（ご）・本□（よ）み
⑤ 辶……大□（どお）り・国□（どう）

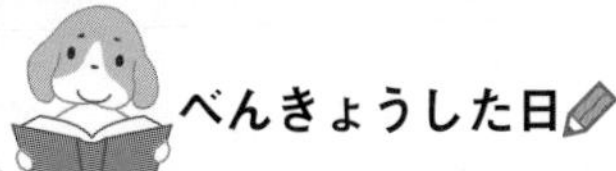

3 つぎの□に漢字（かんじ）を書きなさい。

① 姉……□（あに）

② 雲……□（ゆき）

③ 足……□（あたま）

④ 冬……□（なつ）

⑤ 点……□（せん）

⑥ 東……□（にし）

4 つぎの□に漢字（かんじ）を書きなさい。

① 風見（かざみ）どりが□（ひがし）をむく。

② 二人が□□（どうじ）に話（はな）す。

③ □（とう）案用（あんよう）□（し）を出す。

④ 先□（とう）で□（はし）りぬける。

⑤ □□（すいどう）の□（みず）をのむ。

⑥ ねる□（まえ）に□□（どくしょ）をする。

内

ナイ
ダイ㊥
うち

4画

ぶしゅ：入　ぶしゅめい：いる

ことばとつかいかた

国内（こくない）　◎内裏（だいり）びな

内（うち）がわ　▲内（うち）と外（そと）

店内（てんない）を歩（ある）き回（まわ）る

南

ナン
ナ㊒
みなみ

9画

ぶしゅ：十　ぶしゅめい：じゅう

ことばとつかいかた

南国（なんごく）

▲南極（なんきょく）

南（みなみ）がわのまどをあける

肉

ニク

6画

ぶしゅ：肉　ぶしゅめい：にく

ことばとつかいかた

肉体（にくたい）

牛肉（ぎゅうにく）

市場（いちば）で肉（にく）を買（か）う

馬

バ
うま
ま

ことばとつかいかた

馬車（ばしゃ）　▲乗馬（じょうば）
竹馬（たけうま）　絵馬（えま）
馬（うま）の絵（え）をかく

売

バイ
う（る）
う（れる）

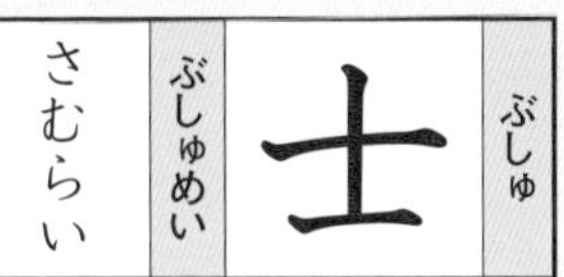

ことばとつかいかた

売店（ばいてん）　▲商売（しょうばい）
売（う）り場（ば）
おいしいパンを売（う）る

買

バイ
か（う）

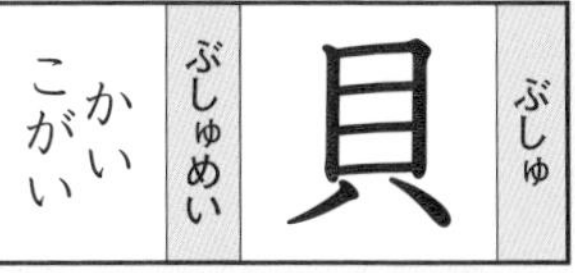

ことばとつかいかた

売買（ばいばい）
買（か）いもの
マフラーを買（か）う

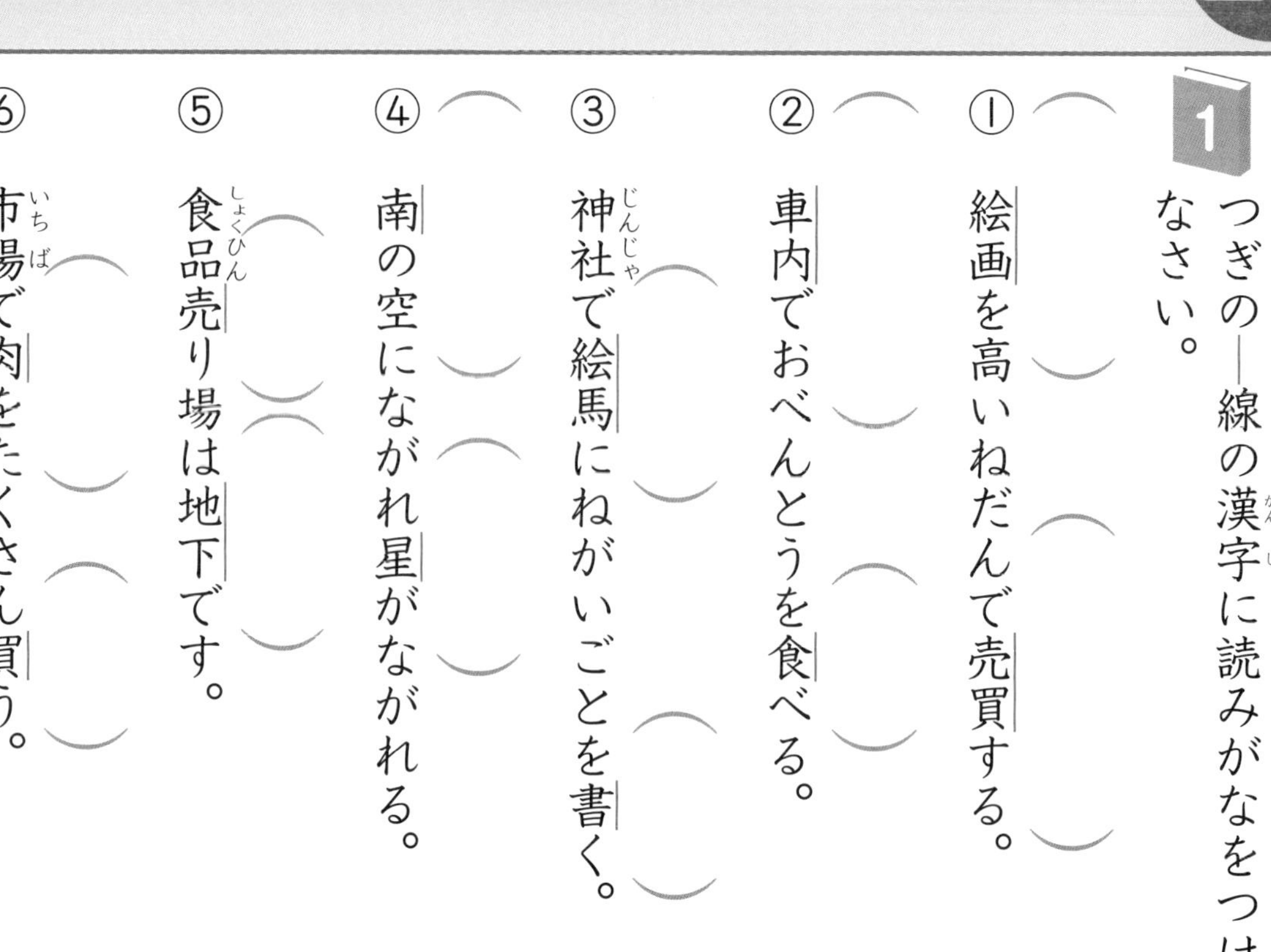

1 つぎの――線の漢字に読みがなをつけなさい。

① 絵画を高いねだんで売買する。

② 車内でおべんとうを食べる。

③ 神社で絵馬にねがいごとを書く。

④ 南の空にながれ星がながれる。

⑤ 食品売り場は地下です。

⑥ 市場で肉をたくさん買う。

2 つぎの漢字の○のところは、はねるか、とめるか、正しい書き方で○の中に書きなさい。

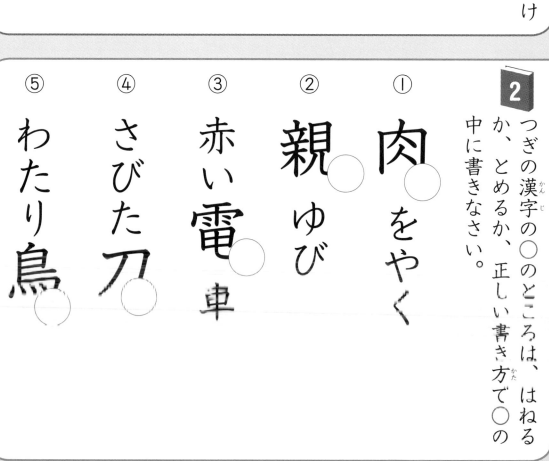

① 肉をやく

② 親ゆび

③ 赤い電車

④ さびた刀

⑤ わたり鳥

3

つぎの□に漢字（かんじ）を書き、上のことばとはんたいのいみのことばをむすびなさい。

① 内　●　●　□（あ）たる

② はずれる　●　●　□（そと）

③ 売る　●　●　□（か）う

④ せまい　●　●　□（ひろ）い

4

つぎの□に漢字（かんじ）を書きなさい。

① ばんごはんは、やき□（にく）だ。

② にもつを□（うま）ではこぶ。

③ 手作りのパンを□（う）っている。

④ □（なん）極（きょく）をたんけんする。

⑤ □（うち）がわからかぎをかける。

⑥ スーパーで□（か）いものをする。

麦

バク㊥　むぎ

7画

ぶしゅ　麦　ぶしゅめい　むぎ

ことばとつかいかた

◎▲麦芽（ばくが）　麦茶（むぎちゃ）

麦（むぎ）わらぼうし

米（こめ）に麦（むぎ）をまぜて食（た）べる

半

ハン　なか(ば)

5画

ぶしゅ　十　ぶしゅめい　じゅう

ことばとつかいかた

半（はん）ズボン

半分（はんぶん）

▲試合半（しあいなか）ばに雨（あめ）がふる

番

バン

12画

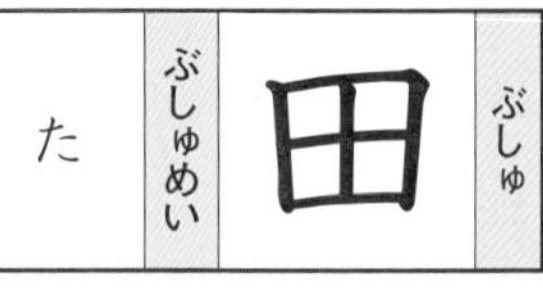

ぶしゅ　田　ぶしゅめい　た

ことばとつかいかた

番組（ばんぐみ）

一番星（いちばんぼし）

日曜日（にちようび）は弟（おとうと）とるす番（ばん）だ

フ
ちち

ことばとつかいかた

父母(ふぼ)　父(ちち)の日(ひ)
★お父(とう)さん
▲教会(きょうかい)で神父(しんぷ)の話(はなし)を聞(き)く

フウ
フ㊢
かぜ
かざ

ことばとつかいかた

風船(ふうせん)　台風(たいふう)
▲風情(ふぜい)
◎気(き)もちのよい風(かぜ)がふく

4画

ブン
フン
ブ
わ(ける)
わ(かれる)
わ(かる)
わ(かつ)

ことばとつかいかた

気分(きぶん)　二(ふた)つに分(わ)ける
分(わ)かれ道(みち)
自分(じぶん)の顔(かお)の絵(え)をかく

1 つぎの―線の漢字に読みがなをつけなさい。

①（　）今日は（　）父の日だ。

②（　）昼すぎには（　）台風が近づく。

③（　）先週の（　）半ばに音楽会があった。

④（　）南の方に（　）一番高い山が見える。

⑤（　）分かれ道で、（　）右にすすむ。

⑥（　）パンは小麦粉から（　）作られる。

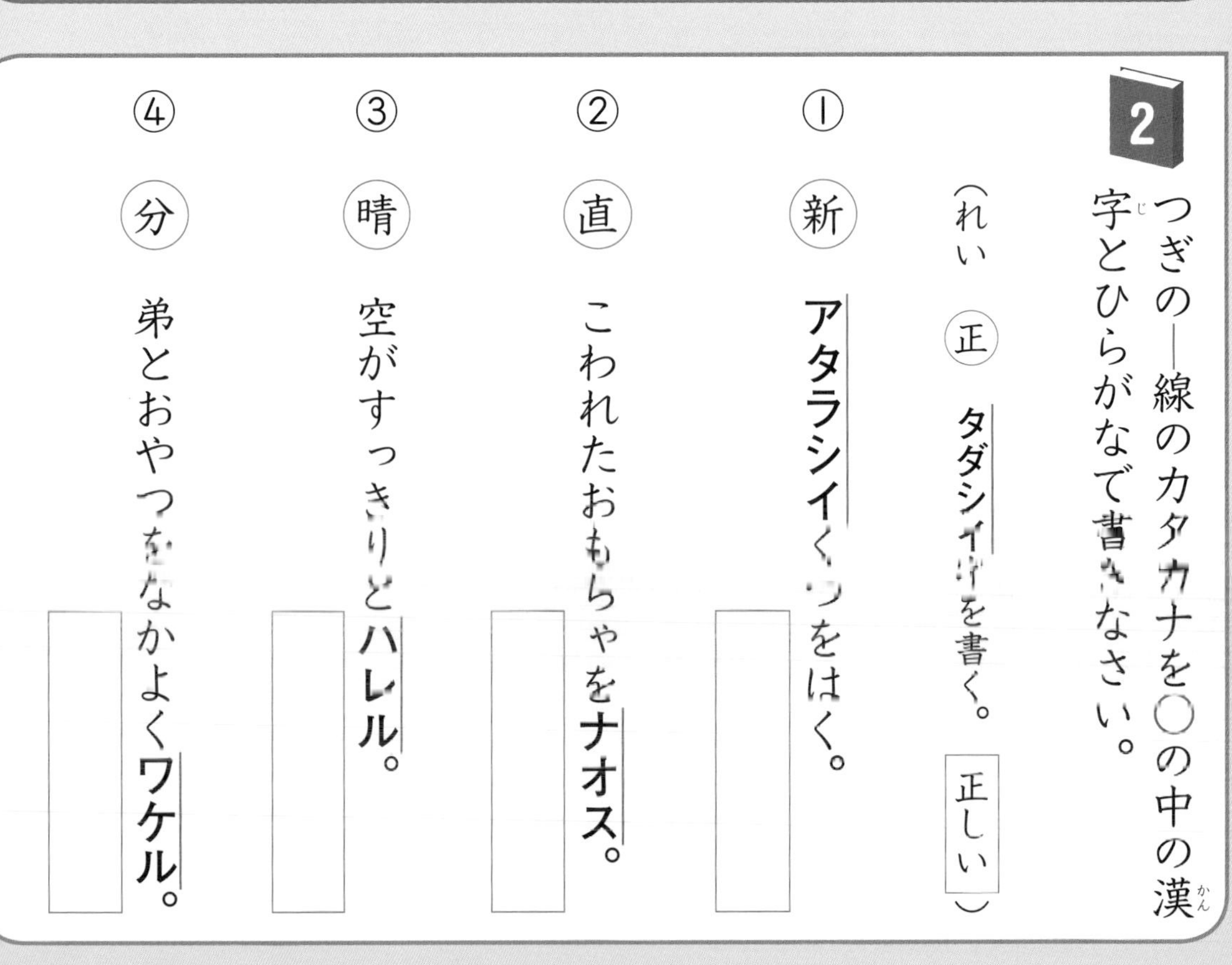

2 つぎの―線のカタカナを○の中の漢字とひらがなで書きなさい。

（れい　正　タダシイ字を書く。 正しい ）

① 新　アタラシイくつをはく。 [　　]

② 直　こわれたおもちゃをナオス。 [　　]

③ 晴　空がすっきりとハレル。 [　　]

④ 分　弟とおやつをなかよくワケル。 [　　]

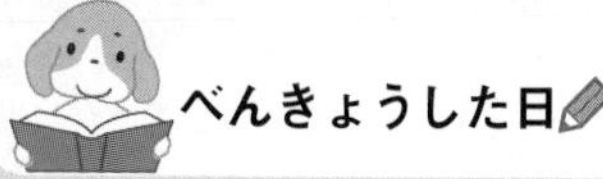

3 □にひらがなを一字書いて、つぎのことばの読みをこたえなさい。

（れい　左右……さ[ゆ]う）

① 白鳥……□く□よう
② 前半……□んは□
③ 今年……□□し
④ 三分……□んぷ□
⑤ 町内……ちょ□□い

4 つぎの□に漢字（かんじ）を書きなさい。

① □（むぎ）ばたけが□（ひろ）がっている。
② 引っこして□□（はんとし）になる。
③ お□（みせ）まで五□（ふん）かかる。
④ お□（とう）さんは□（で）かけている。
⑤ □□（ばんけん）がはげしくほえる。
⑥ □□（かざかみ）に立つ。

聞

14画

ブン
モン㊓
き（く）
き（こえる）

ぶしゅ		ぶしゅめい	
	耳		みみ

ことばとつかいかた

新聞（しんぶん）　▲前代未聞（ぜんだいみもん）◎

人（ひと）の話（はなし）を聞（き）く

なみの音（おと）が聞（き）こえる

米

6画

ベイ
マイ
こめ

ことばとつかいかた

米作（べいさく）

新米（しんまい）

秋（あき）にとれた米（こめ）をおくる

歩

ホ
ブ㊥
フ㊓
ある（く）
あゆ（む）

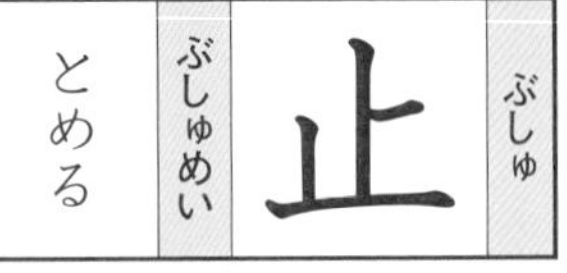

ことばとつかいかた

歩道（ほどう）

一歩（いっぽ）すすむ　◎歩合（ぶあい）

池（いけ）のまわりを歩（ある）く

ボ
はは

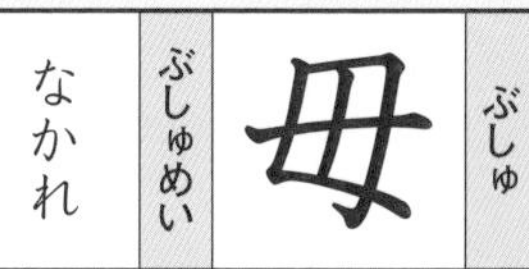

ことばとつかいかた

母校(ぼこう)　母(はは)の日(ひ)

★お母(かあ)さん

母(はは)と買(か)いものに行(い)く

ホウ
かた

ぶしゅ
方
ぶしゅめい
ほう

ことばとつかいかた

方角(ほうがく)　正方形(せいほうけい)

夕方(ゆうがた)

先生(せんせい)の書(か)き方(かた)をまねる

ホク
きた

ことばとつかいかた

北海道(ほっかいどう)

北風(きたかぜ)

風船(ふうせん)が北(きた)の方(ほう)へとんでいく

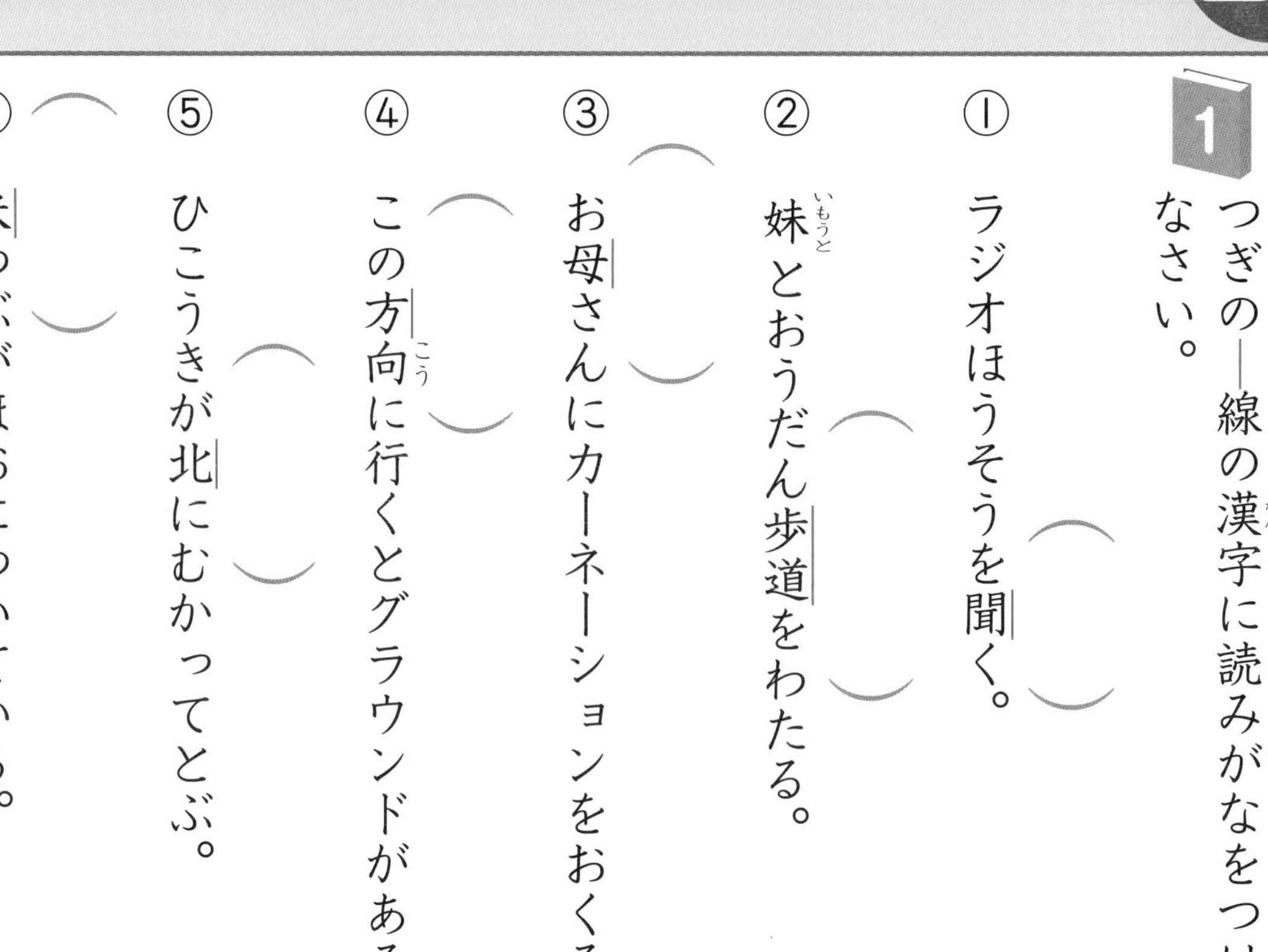

1 つぎの―線の漢字に読みがなをつけなさい。

① ラジオほうそうを聞く。（　　）

② 妹(いもうと)とおうだん歩道をわたる。（　　）

③ お母さんにカーネーションをおくる。（　　）

④ この方向(こう)に行くとグラウンドがある。（　　）

⑤ ひこうきが北にむかってとぶ。（　　）

⑥ 米つぶがほおについている。（　　）

2 つぎの漢字の○のところは、はねるか、とめるか、正しい書き方で○の中に書きなさい。

① つめたい風

② みどり色

③ かわいい弟

④ 北がわ

⑤ 校内

3 つぎの□に漢字（かんじ）を書きなさい。

① 鳥……□（うま）
② 麦……□（こめ）
③ 父……□（はは）
④ 書く……□（よ）む
⑤ 魚……□（にく）
⑥ 走る……□（ある）く

4 つぎの□に漢字（かんじ）を書きなさい。

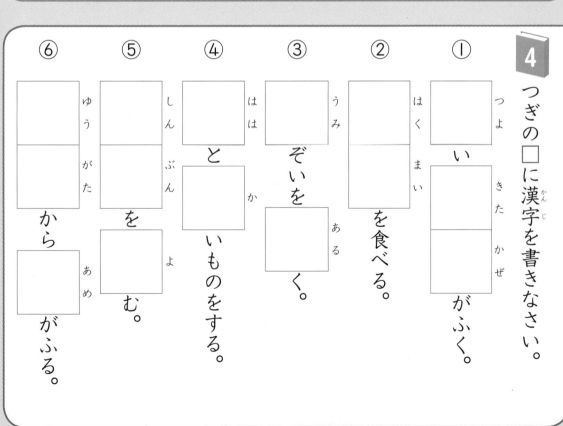

① □（つよ）い□□（きたかぜ）がふく。
② □□（はくまい）を食べる。
③ □（うみ）ぞいを□（ある）く。
④ □（はは）と□（か）いものをする。
⑤ □□（しんぶん）を□（よ）む。
⑥ □□（ゆうがた）から□（あめ）がふる。

毎

6画

マイ

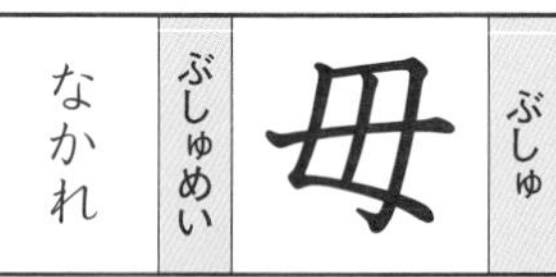

ぶしゅ 母

ぶしゅめい なかれ

ことばとつかいかた

毎日（まいにち）

毎朝八時におきる（まいあさはちじ）

毎月かべ新聞を作る（まいつき しんぶん つく）

妹

8画

マイ㊥
いもうと

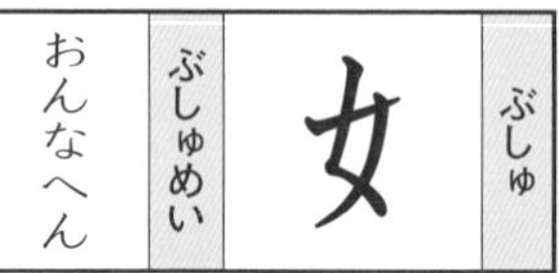

ぶしゅ 女

ぶしゅめい おんなへん

ことばとつかいかた

◎姉妹（しまい）

◎妹思い（いもうとおも）

ぼくには妹と弟がいる（いもうと おとうと）

万

3画

マン
バン㊥

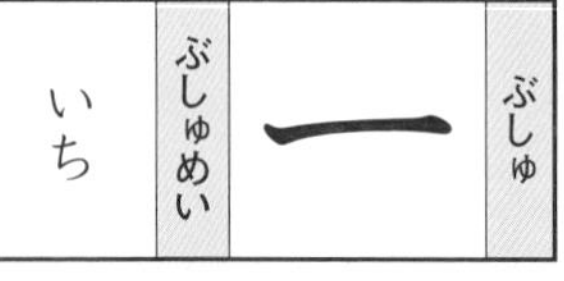

ぶしゅ 一

ぶしゅめい いち

ことばとつかいかた

万年筆▲（まんねんひつ）

◎万全▲（ばんぜん）

広場に五万人があつまる（ひろば ごまんにん）

明

メイ・ミョウ
あ（かり）
あか（るい）
あか（るむ）
あか（らむ）
あき（らか）
あ（ける）・あ（く）
あ（くる）・あ（かす）

ことばとつかいかた

▲発明（はつめい）
明（あか）るい空（そら）　夜明（よあ）け
★明日（みょうにち／あす）は遠足（えんそく）です

鳴

メイ
な（く）
な（る）
な（らす）

ことばとつかいかた

▲悲鳴（ひめい）
鳥（とり）の鳴（な）き声（ごえ）
サイレンを鳴（な）らす

モウ
け

ことばとつかいかた

毛布（もうふ）▲　毛糸（けいと）
かみの毛（け）
▲庭（にわ）で毛虫（けむし）を見（み）つける

1 つぎの―線の漢字に読みがなをつけなさい。

① 遠くで（　）サイレンが鳴って（　）いる。

② 毎朝、（　）ジョギングで海まで（　）行く。

③ 東の空が（　）明るくなる。（　）

④ わたしの妹は（　）なき虫だ。（　）

⑤ 広場に（　）三万人が（　）あつまった。

⑥ 母が毛糸を（　）つかって人形を作る。（　）

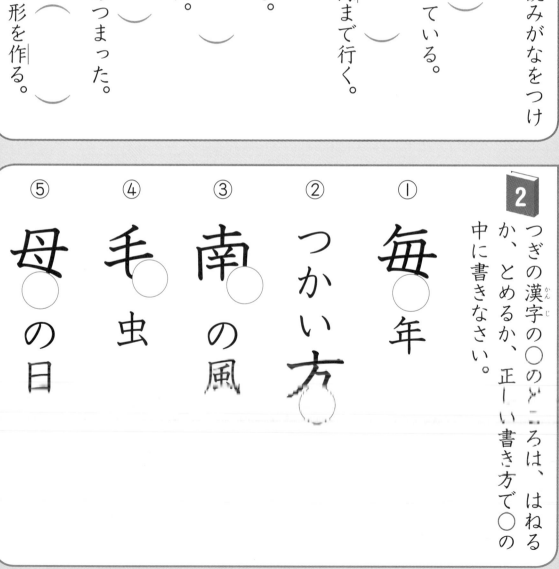

2 つぎの漢字の○のところは、はねるか、とめるか、正しい書き方で○の中に書きなさい。

① 毎○年

② つかい方○

③ 南○の風

④ 毛○虫

⑤ 母○の日

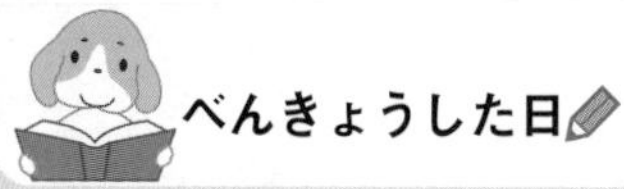
べんきょうした日　　月　　日

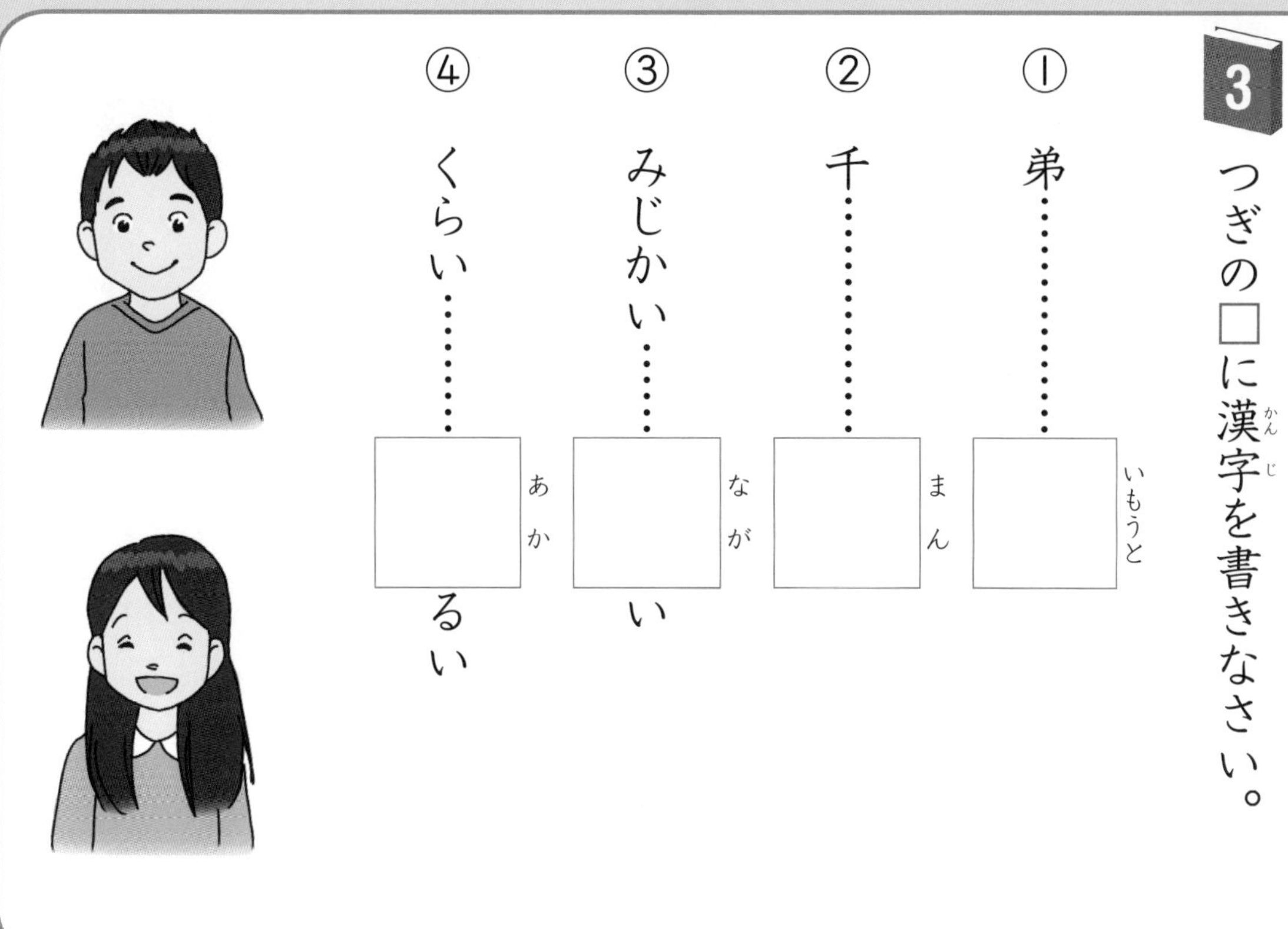

3 つぎの□に漢字(かんじ)を書きなさい。

① 弟……□(いもうと)

② 千……□(まん)

③ みじかい……□(なが)い

④ くらい……□(あか)るい

4 つぎの□に漢字(かんじ)を書きなさい。

① □(もう)布(ふ)をかけてねる。

② □(まい)ばん、おそくまでおきている。

③ ぼくにはかわいい□(いもうと)がいる。

④ おどろいて悲(ひ)□(めい)を上げる。

⑤ 億(おく)□(まん)長者(ちょうじゃ)になる。

⑥ 理由(りゆう)をせつ□(めい)する。

門

モン
かど㊥

ことばとつかいかた

校門(こうもん)　正門(せいもん)

◎門松(かどまつ)▲

門(もん)の前(まえ)でまち合(あ)わせる

ヤ
よ
よる

ことばとつかいかた

夜景(やけい)▲

夜空(よぞら)

父(ちち)は夜(よる)おそく帰(かえ)ってくる

ヤ
の

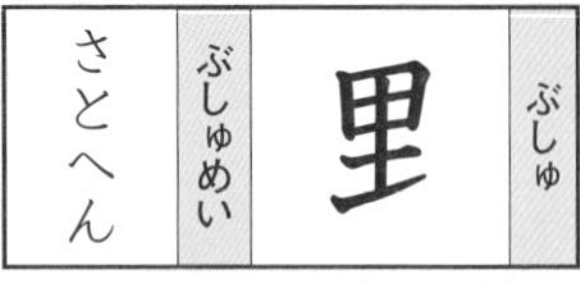

ことばとつかいかた

野鳥(やちょう)

野原(のはら)

はたけで野菜(やさい)▲をそだてる

友

ユウ
とも

4画

ぶしゅ	ぶしゅめい
又	また

ことばとつかいかた

友情（ゆうじょう）
▲親友（しんゆう）
友（とも）だちとけんかをする

用

ヨウ
もち（いる）

5画

ぶしゅ	ぶしゅめい
用	もちいる

ことばとつかいかた

用意（ようい）
▲画用紙（がようし）
ペンを用（もち）いて字（じ）を書（か）く

曜

ヨウ

18画

ぶしゅ	ぶしゅめい
日	ひへん

ことばとつかいかた

一週間（いっしゅうかん）の曜日（ようび）
日曜日（にちようび）
月曜日（げつようび）にテストがある

1 つぎの―線の漢字に読みがなをつけなさい。

① すききらいせずに野さいを食べる。

② 友情を大切にする。

③ おり紙を用意する。

④ 学校の正門から入る。

⑤ 夜空に星がたくさん出ている。

⑥ 今日は日曜日だ。

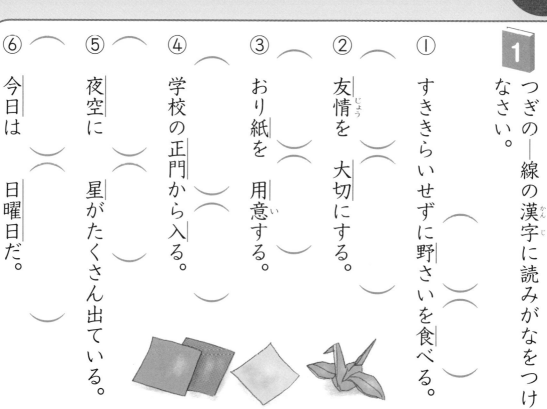

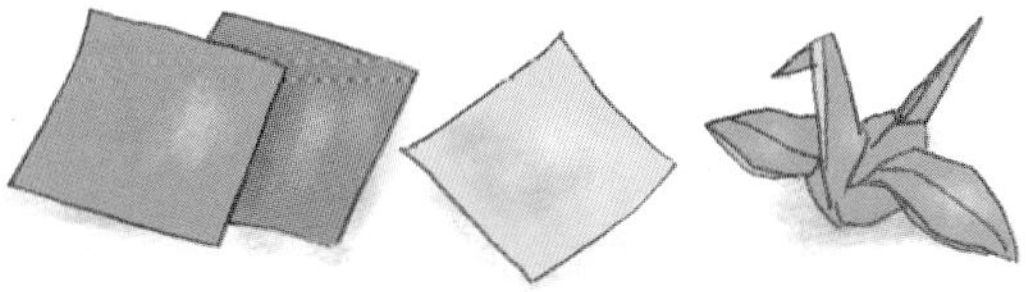

2 つぎの漢字の書くじゅんばんは、どちらが正しいでしょう。正しい方のきごうに○をつけなさい。

① 風

㋐ 一 凸 币 由 虱 凬 風

㋑ 丿 几 凡 凤 凧 凬 風

② 父

㋐ 丿 八 ⺈ 父

㋑ 丿 八 ⺍ 父

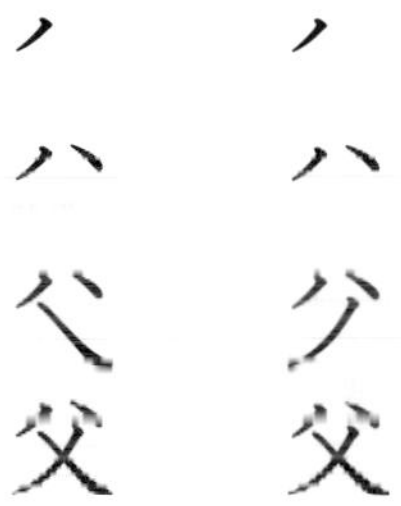

③ 羽

㋐ 𠃌 ㇆ 习 羽 羽 羽

㋑ 𠃌 𠃌 冂 羽 羽 羽

3 れいのように同じなかまの漢字(かんじ)を□に書きなさい。

（れい　艹……草(くさ)木・花(はな)火）

① 广……売□(てん)・□(ひろ)い

② 雨……□(でん)池・雨□(ぐも)

③ 辶……交□(つう)・□(みち)草

④ 日……□(よう)日・発(はっ)□(めい)

⑤ 女……お□(ねえ)さん・□(いもうと)思い

4 つぎの□に漢字(かんじ)を書きなさい。

① □□□(すいようび)は雨だった。

② かれとは□(とも)だちだ。

③ □(こう)庭(てい)で□(や)きゅうをする。

④ □(はは)と□(もん)の□(まえ)で会う。

⑤ □(よる)おそくに□(ゆき)がふる。

⑥ □(どう)具(ぐ)を□(もち)いる。

来

ライ
く（る）
きた（る）㊥
きた（す）㊥

7画

ぶしゅ	ぶしゅめい
木	き

ことばとつかいかた

▲未来（みらい）　春（はる）が来（く）る

◎来（きた）るべき大会（たいかい）

いとこがあそびに来（く）る

里

リ
さと

7画

ぶしゅ	ぶしゅめい
里	さと

ことばとつかいかた

千里眼（せんりがん）▲

里帰（さとがえ）り

母（はは）のふる里（さと）は遠（とお）い

理

リ

11画

ぶしゅ	ぶしゅめい
王	おうへん たまへん

ことばとつかいかた

理由（りゆう）▲

▲料理（りょうり）

たんすの中（なか）を▲整理（せいり）する

話

ワ
はな(す)
はなし

13画

ぶしゅ	言
ぶしゅめい	ごんべん

ことばとつかいかた

会話

むかし話

楽しかったことを話す

◆「日」のつく漢字をあつめよう！

「日」のつく漢字は天気や時などにかんけいしたいみをもっているようだね。

1 つぎの――線の漢字(かんじ)に読みがなをつけなさい。

① 姉が人魚ひめの話(　)を読(　)んでくれた。

② 来年(　)の春に小学生になる。

③ 母(　)がおじいさんの世(せ)話(　)をする。

④ いとこが冬休(　)みにあそびに来(　)る。

⑤ 里(　)に　春(　)がおとずれる。

⑥ 古(　)いバイオリンを修(しゅう)理(　)する。

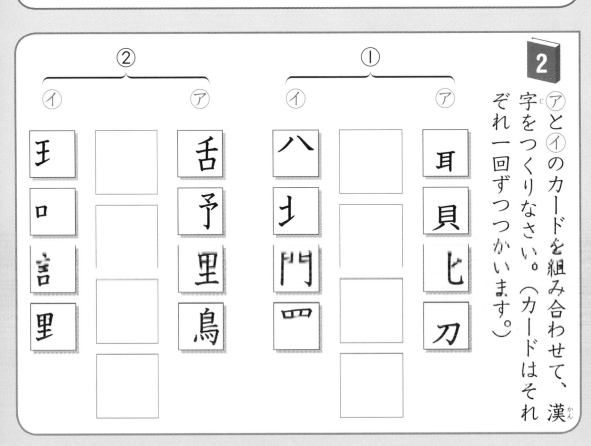

2 ㋐と㋑のカードを組み合わせて、漢(かん)字(じ)をつくりなさい。（カードはそれぞれ一回ずつつかいます。）

①

㋐ 耳　貝　匕　刀

㋑ 八　土　門　罒

②

㋐ 舌　予　里　鳥

㋑ 王　口　言　里

3 同じ読み方をしても、ちがう漢字(かんじ)があります。□に書きなさい。

①
㋐ 今□(や)は月がきれいだ。
㋑ □(や)生どうぶつをほごする。

②
㋐ 学校は町の中□(しん)にある。
㋑ □(しん)年をむかえる。

③
㋐ 画□(よう)紙に自分の顔をかく。
㋑ 月□(よう)日はじゅくに行く。

4 つぎの□に漢字(かんじ)を書きなさい。

① たまごをつかって料(りょう)□(り)を作る。
② □(らい)客(きゃく)をもてなす。
③ ボランティアの□(はなし)をする。
④ □(さと)いもはおいしい。
⑤ そうこを整(せい)□(り)する。
⑥ 家の前を行ったり□(き)たりする。

力だめし 5

ステップ 21―27

1 つぎの―線の漢字に読みがなをつけなさい。〈一つ2点 計38点〉

① かみなりが鳴ったので雨戸をしめた。

② 道ばたでともだちと話をする。

③ もんだいを読んで答える。

④ 門の外に出て母と　父をむかえる。

⑤ 東の空が　明るくなってきた。

⑥ 夜、テレビで野きゅうを見る。

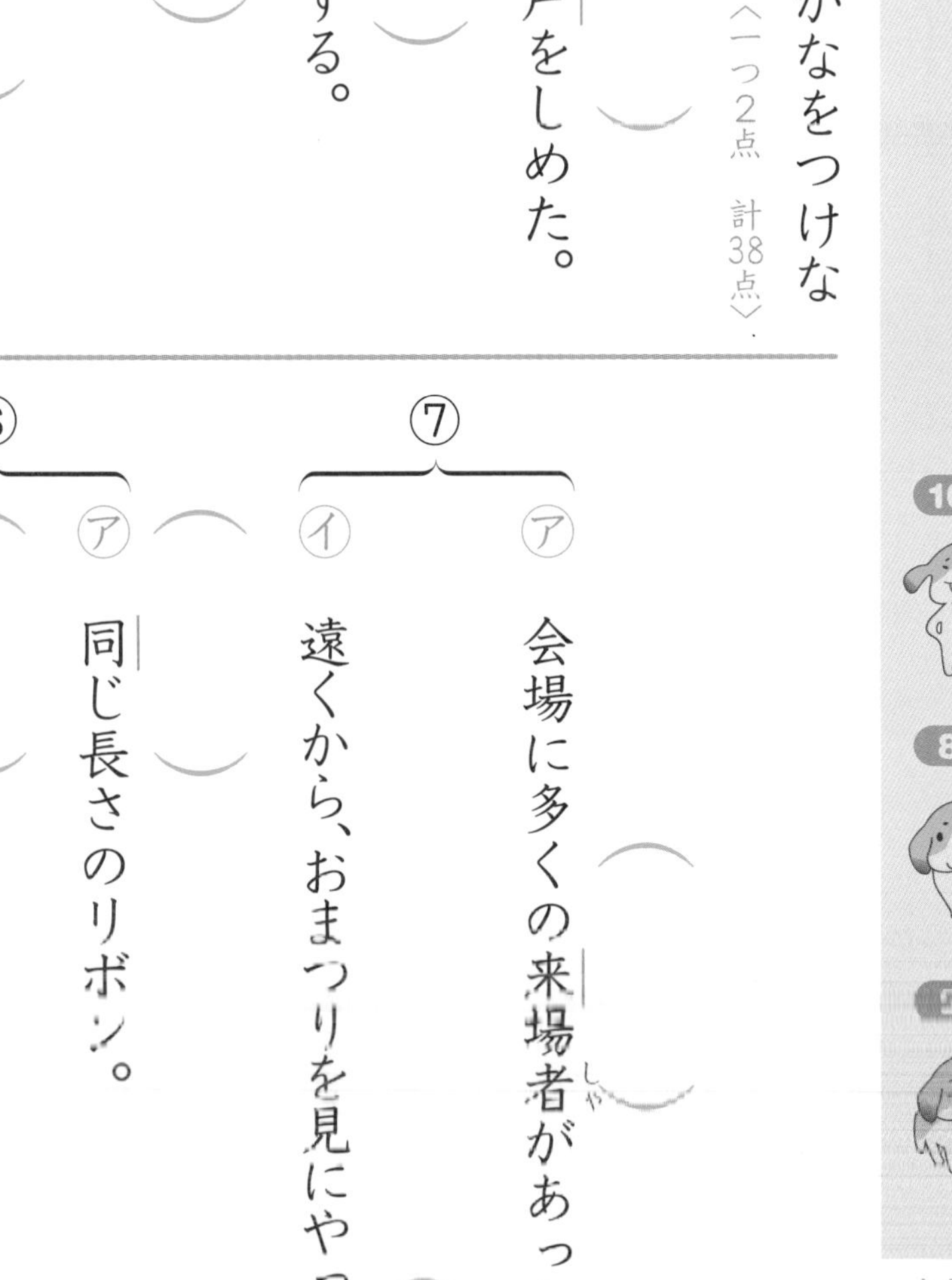

⑦ ㋐ 会場に多くの来場者があった。
㋑ 遠くから、おまつりを見にやって来る。

⑧ ㋐ 同じ長さのリボン。
㋑ 同点のまましあいがおわる。

⑨ ㋐ くしでかみの毛をとかす。
㋑ ベランダに毛布をほす。

100 80 50

とくてん　点

2 つぎの漢字の書くじゅんばんを○の中に書きなさい。

〈一問4点　計16点〉

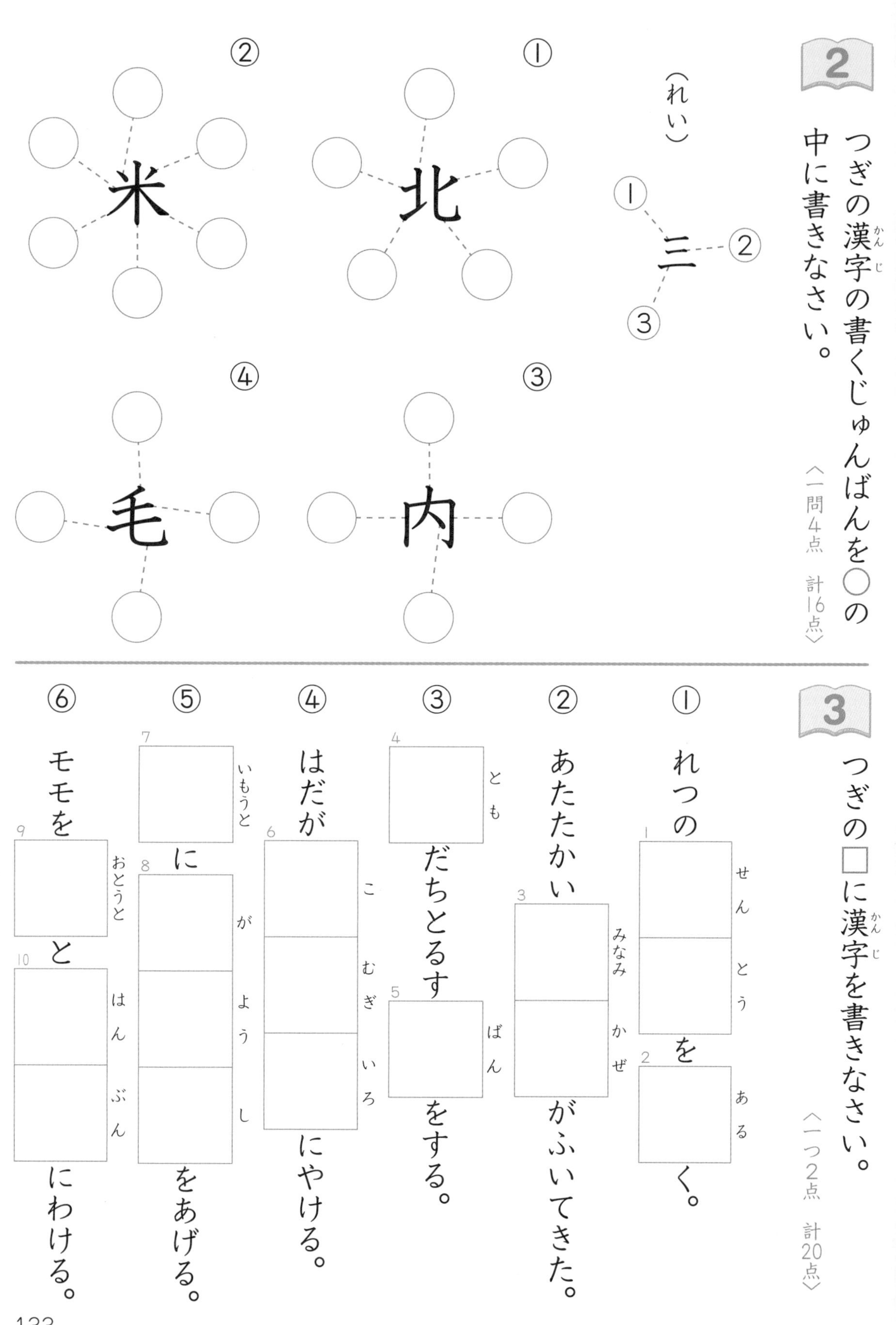

3 つぎの□に漢字を書きなさい。

〈一つ2点　計20点〉

① れつの［1 せんとう］を［2 ある］く。

② あたたかい［3 みなみかぜ］がふいてきた。

③ ［4 とも］だちとるす［5 ばん］をする。

④ はだが［6 こむぎいろ］にやける。

⑤ ［7 いもうと］に［8 がようし］をあげる。

⑥ モモを［9 おとうと］と［10 はんぶん］にわける。

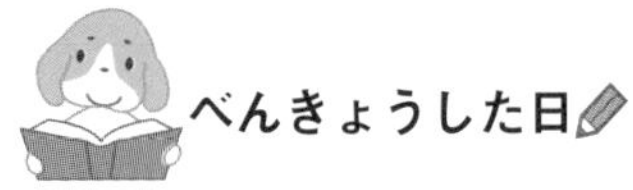

4

つぎの〜線のひらがなを漢字で書くと、どちらが正しいですか。正しい方のきごうに○をつけなさい。〈一つ2点　計6点〉

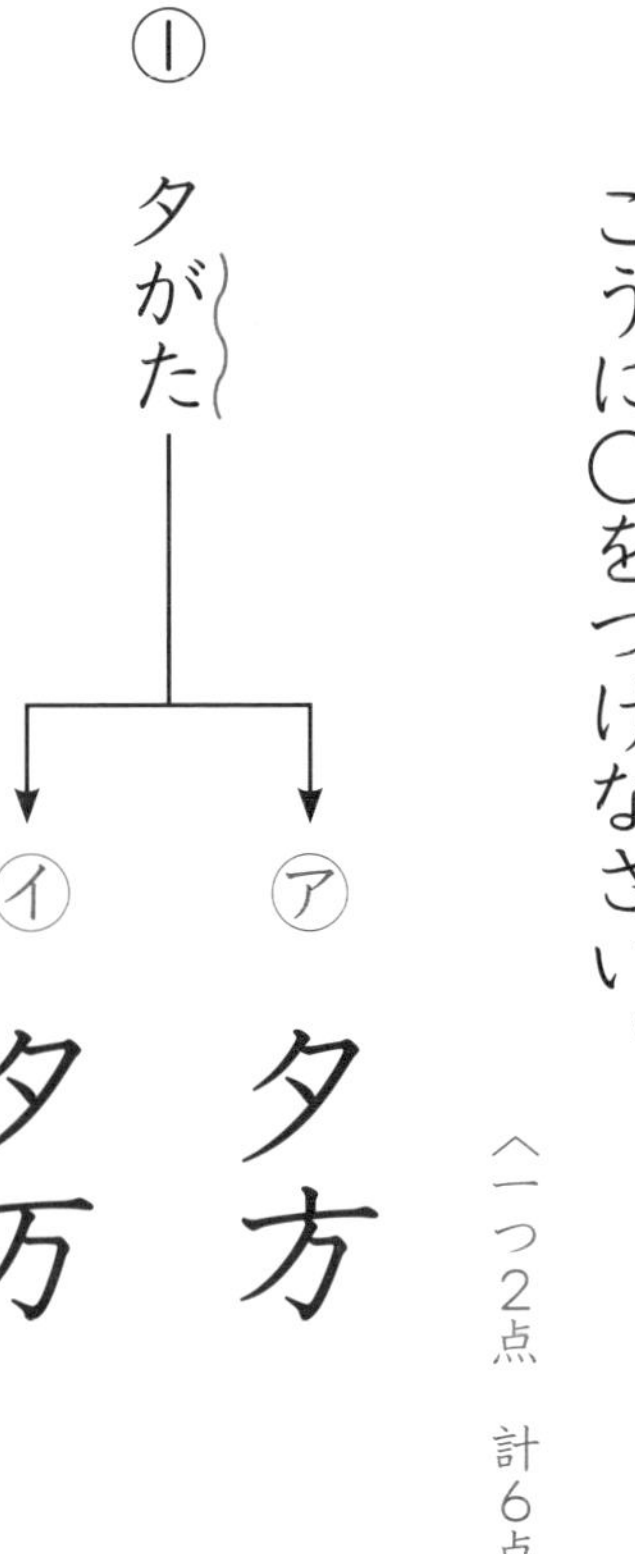

① 夕がた
- ㋐ 夕方
- ㋑ 夕万

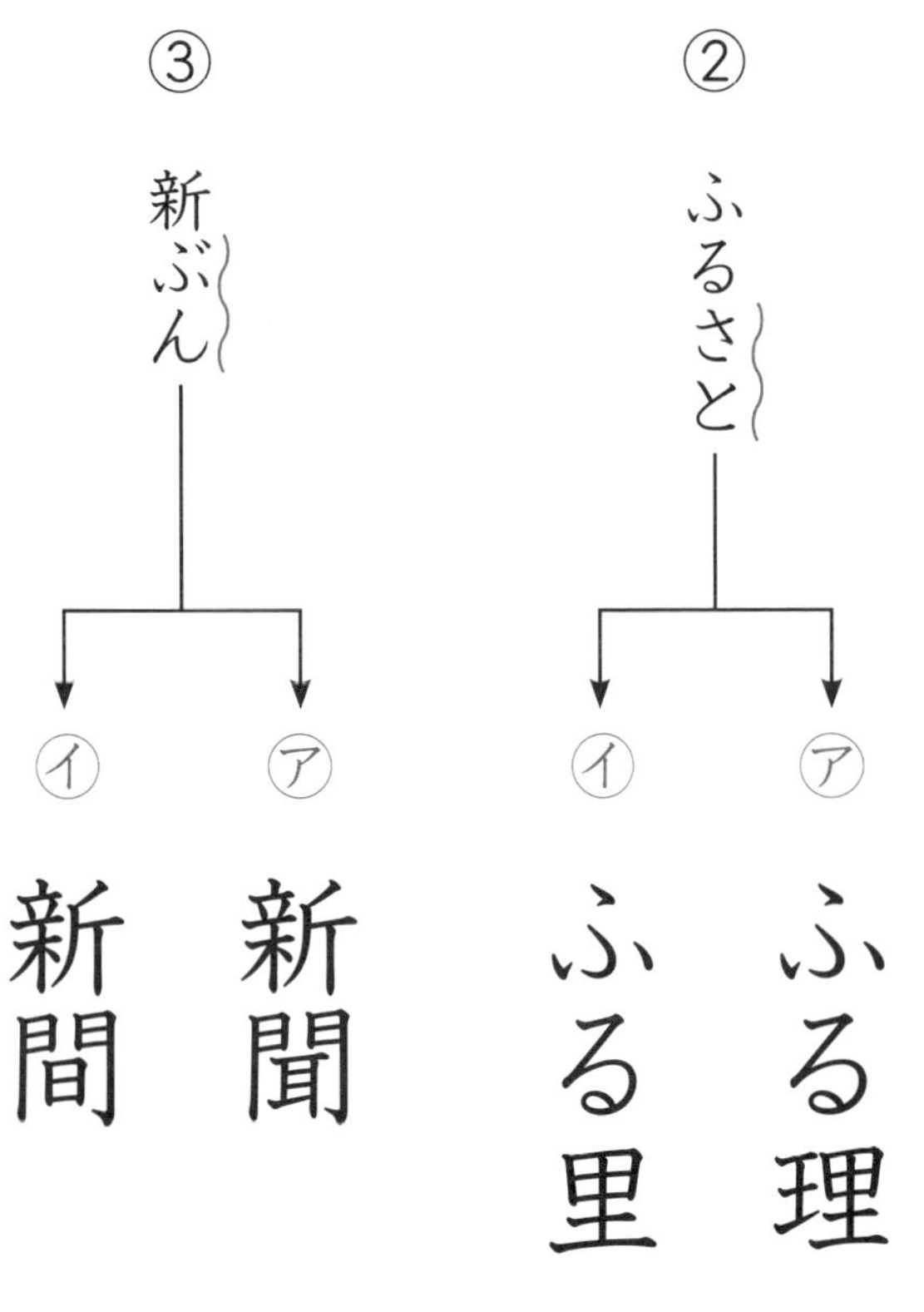

② ふるさと
- ㋐ ふる理
- ㋑ ふる里

③ 新ぶん
- ㋐ 新聞
- ㋑ 新間

5

れいのように同じなかまの漢字を□に書きなさい。〈一つ2点　計20点〉

（れい）艹 …… □(くさ)草　木・□(はな)花　火）

① 氵 …… 1□(き)車・電 2□(ち)

② 言 …… 会 3□(わ)・4□(どく)書

③ 辶 …… 交 5□(つう)・さか 6□(みち)

④ 日 …… 夜 7□(あ)け・木 8□(よう)日

⑤ 广 …… 9□(ひろ)場・10□(みせ)先

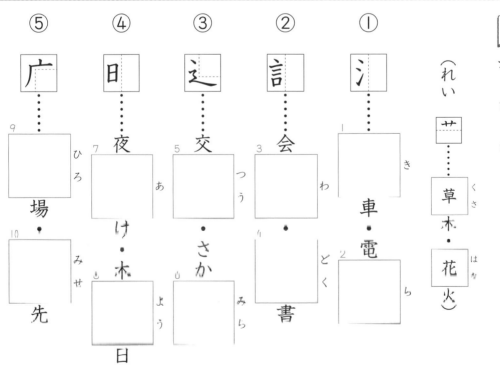

ひとやすみ

クイズであそぼ！5

◆スタートから、「母」のように、五回で書く漢字だけをぬりつぶしてすすみ、ゴールをめざしましょう。

ちゅうい！

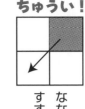

ななめにはすすめないよ。

ものしり
「冬」はきせつをあらわす漢字。ほかに「春・夏・秋」があるよ。

スタート

父	弟	才	公	母
光	寺	冬	広	矢
食		市		牛
台	外	北	茶	回
用		馬	妹	弓
兄	姉	会	家	

ゴール

ものしり
牛 → 牛
「牛」は牛の顔からつくられた漢字だよ。

ものしり
「家」の「宀」は、やねをあらわしているんだよ。

書く回数をしっかり数えよう！

9級 まとめテスト

1 つぎの文をよんで、――せんの**漢字**（かん）の**よみがな**を――せんの**右**にかきなさい。

1×22(22) 点

1 ①新しいどうぶつ②園ができたので①姉と二人で行ってみた。

2 ④強い北の⑤風がふき、木にとまっている⑥鳥の⑦親子もさむそうだ。

3 よく⑧晴れた日に⑨原っぱで⑩思いっきりあそんだ。

4 ⑪二頭の⑫子馬が出てくる⑬絵本を⑭読む。

5 ⑮一台のバスがえき⑯前の⑰広い⑱道を⑲走っている。

6 ⑳弟は、なまえをよばれると大きな㉑声でへんじをして、㉒元気よく立ち上がった。

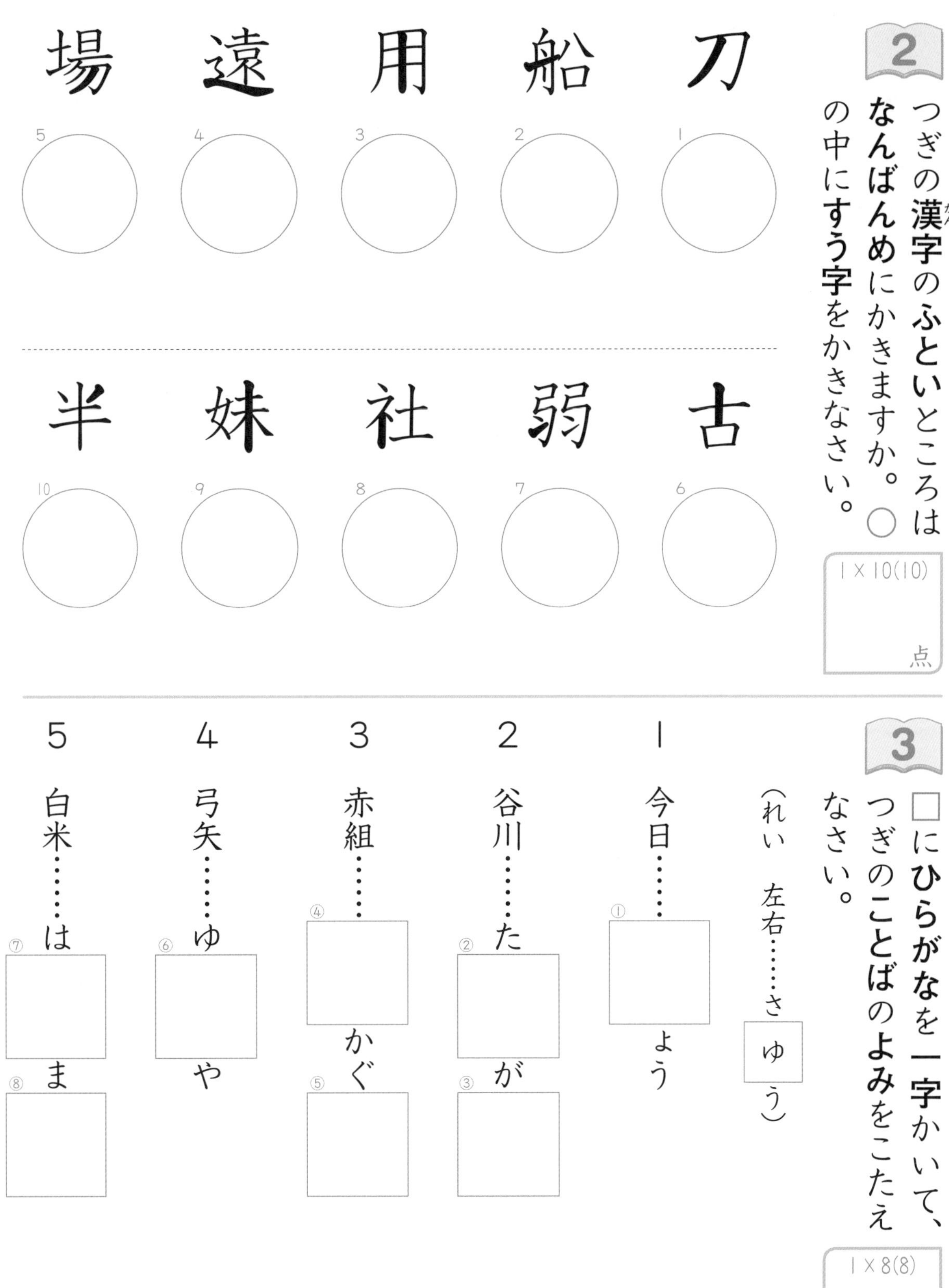

2 つぎの**漢字**(かん)の**ふとい**ところは**なんばんめ**にかきますか。○の中に**すう字**をかきなさい。

1×10(10) 点

刀 船 用 遠 場

古 弱 社 妹 半

3 □に**ひらがな**を**一字**かいて、つぎの**ことば**の**よみ**をこたえなさい。

(れい　左右……さ[ゆ]う)

1×8(8) 点

1　今日……①□よう

2　谷川……た②□が③□

3　赤組……④□かぐ⑤□

4　弓矢……ゆ⑥□や

5　白米……は⑦□ま⑧□

4

つぎの漢字(かん)の○のところは、はねるか、とめるか、れいのように正しいかきかたで○の中にかきなさい。

1×4(4) 点

(れい 字○→字 下○→下)

1 寺の門○

2 日記○ちょう

3 同○じ形

4 高○いビル

5

つぎの文をよんで、―せんの漢字(かん)のよみがなを―せんの右にかきなさい。

1×10(10) 点

新しい学校が来年[1]にはできる。

おじいちゃんが家にやって来[2]る。

うでを直角[3]にまげる。

文字のまちがいを正しく直[4]す。

旅行(りょこう)の計画[5]を立てる。

家からえきまでの時間を計[6]る。

交番[7]におとしものをとどける。

大人の中に子どもが交[8]じる。

電話[9]のベルがなった。

学校であったことを話[10]す。

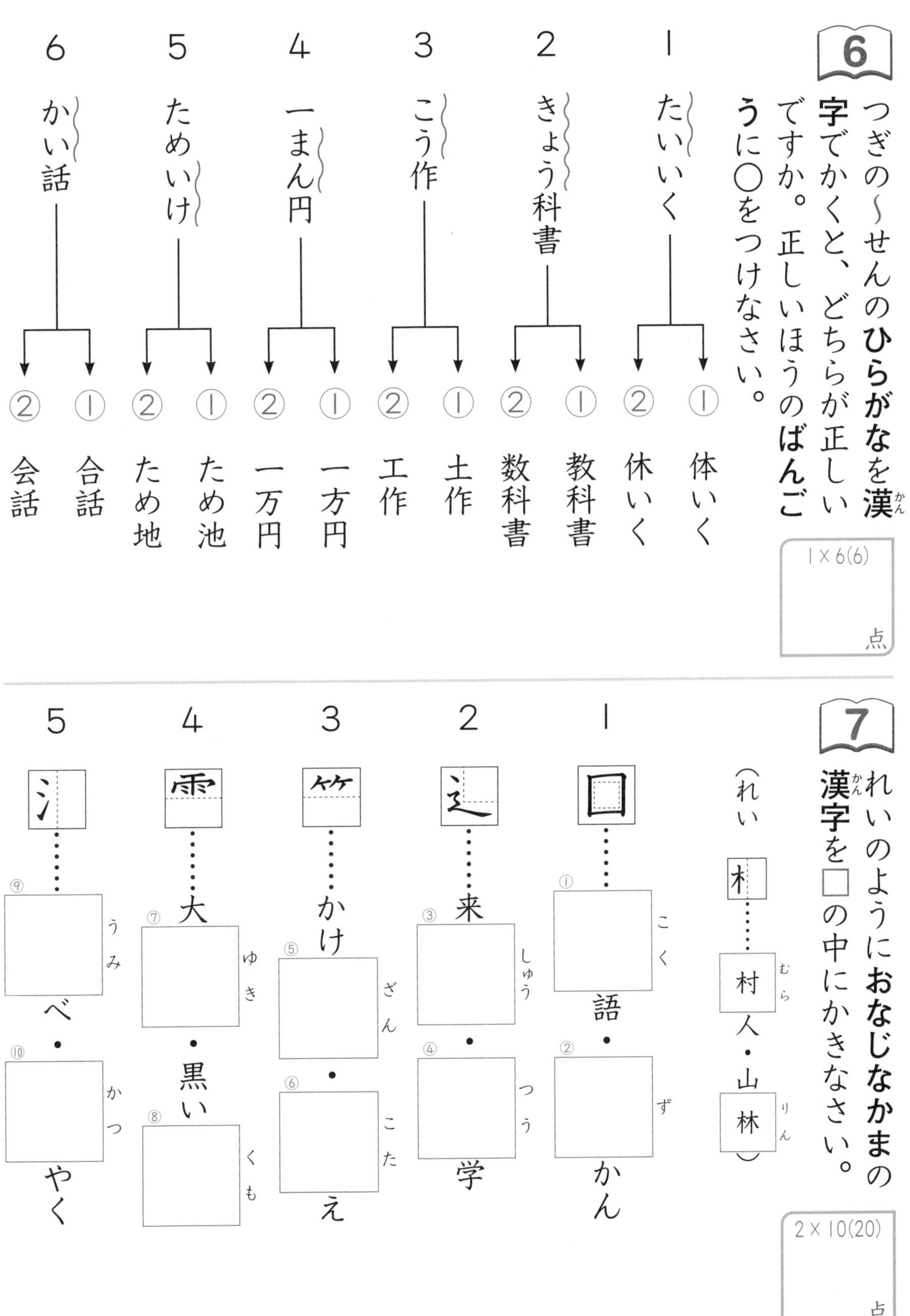

6

つぎの～せんのひらがなを漢字（かん）でかくと、どちらが正しいですか。正しいほうのばんごうに○をつけなさい。

1×6(6) 点

1 たいいく　① 体いく　② 休いく

2 きょう科書　① 教科書　② 数科書

3 こう作　① 土作　② 工作

4 一まん円　① 一方円　② 一万円

5 ためいけ　① ため池　② ため地

6 かい話　① 合話　② 会話

7

れいのようにおなじなかまの漢字（かん）を□の中にかきなさい。

（れい　木……村（むら）人・山林（りん））

2×10(20) 点

1 口……①□（こく）語・②□（ず）かん

2 辶……来③□（しゅう）・④□（つう）学

3 ⺮……かけ⑤□（ざん）・⑥□（こた）え

4 雨……大⑦□（ゆき）・黒い⑧□（くも）

5 氵……⑨□（うみ）べ・⑩□（かつ）やく

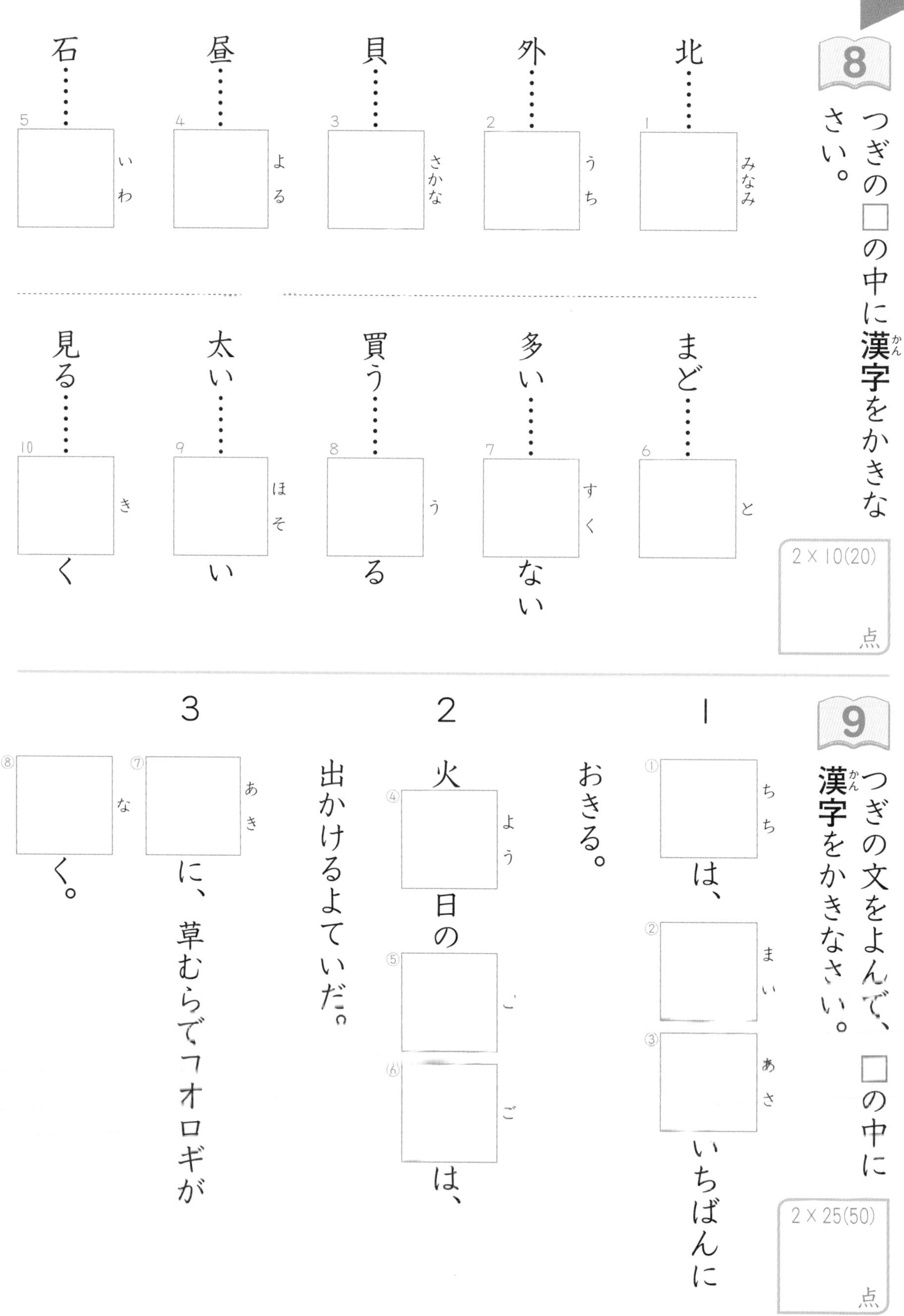

8 つぎの□の中に漢字(かん)をかきなさい。

2×10(20) 点

1 北……□(みなみ)
2 外……□(うち)
3 貝……□(さかな)
4 昼……□(よる)
5 石……□(いわ)

6 まど……□(と)
7 多い……□(すく)ない
8 買う……□(う)る
9 太い……□(ほそ)い
10 見る……□(き)く

9 つぎの文をよんで、□の中に漢字(かん)をかきなさい。

2×25(50) 点

1 ①□(ちち)は、②□(まい)③□(あさ)いちばんにおきる。

2 火④□(よう)日の⑤□(ご)⑥□(ご)は、出かけるよていだ。

3 ⑦□(あき)に、草むらでコオロギが⑧□(な)く。

べんきょうした日　　月　　日

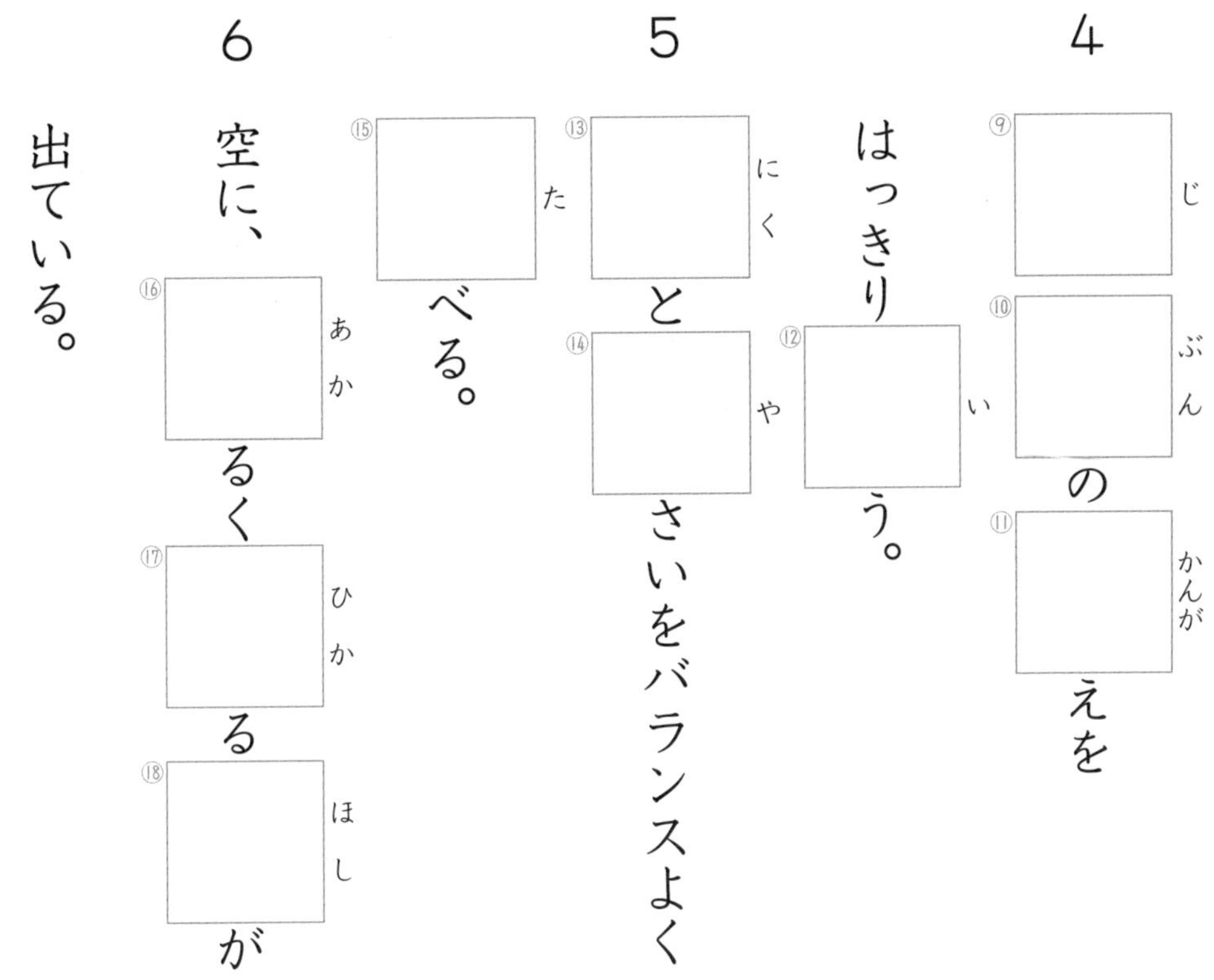

4 ⑨[じ]⑩[ぶん]の⑪[かんが]えをはっきり⑫[い]う。

5 ⑬[にく]と⑭[や]さいをバランスよく⑮[た]べる。

6 空に、⑯[あか]るく⑰[ひか]る⑱[ほし]が出ている。

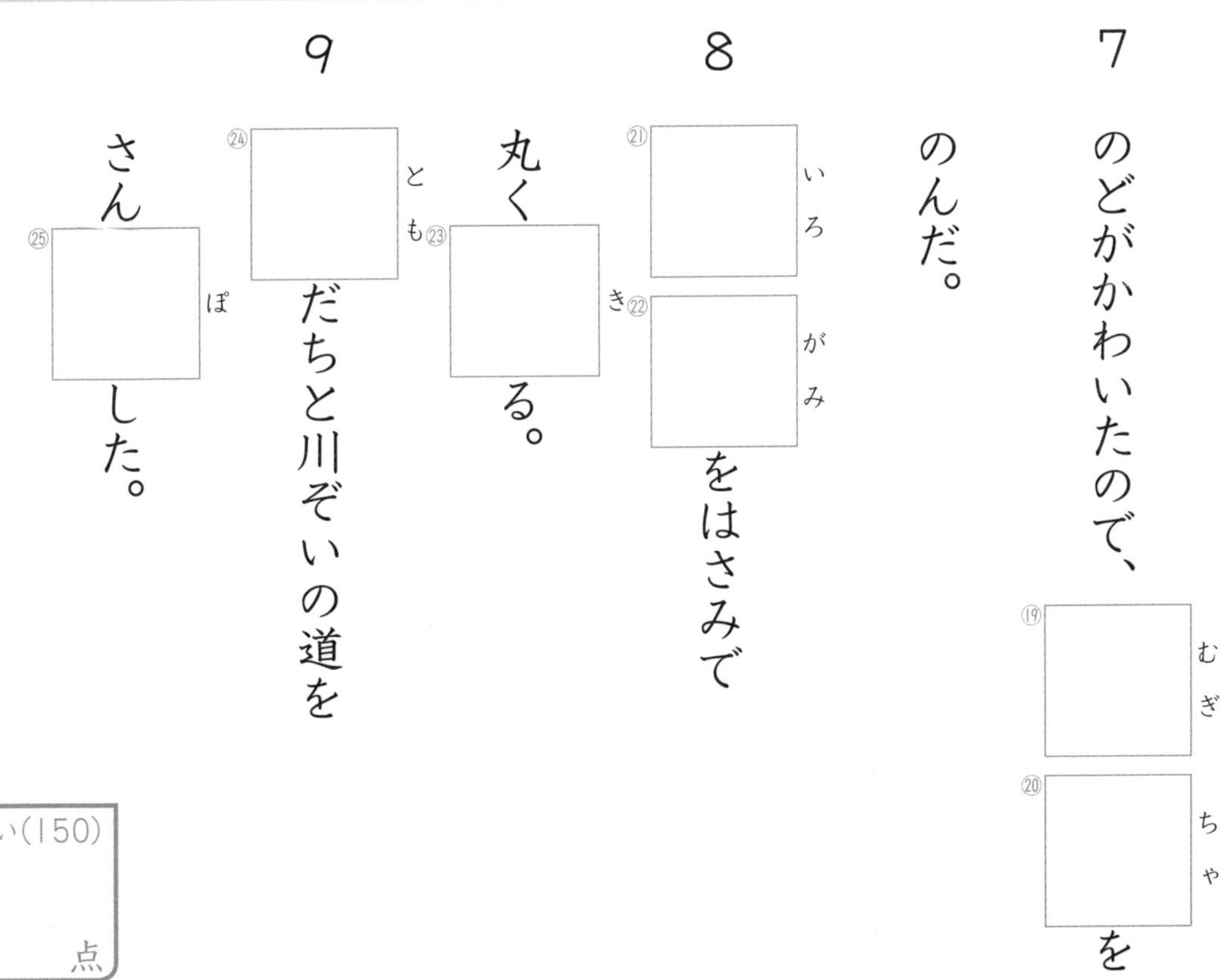

7 のどがかわいたので、⑲[むぎ]⑳[ちゃ]をのんだ。

8 ㉑[いろ]㉒[がみ]をはさみで丸く㉓[き]る。

9 ㉔[とも]だちと川ぞいの道をさん㉕[ぽ]した。

ごうけい(150)
点

漢字（かんじ）いちらんひょう

小学1年生と2年生でならう漢字を五十音じゅん（アイウエオじゅん）にならべました。

小学1年生でならう漢字

イ 一
ウ 右 雨
エ 円
オ 王 音
カ 下 火 花 貝 学
キ 気 九 休 玉 金
ク 空
ケ 月 犬 見
コ 五 口 校
サ 左 三 山
シ 子 四 糸 字 耳 七 車 手 十 出

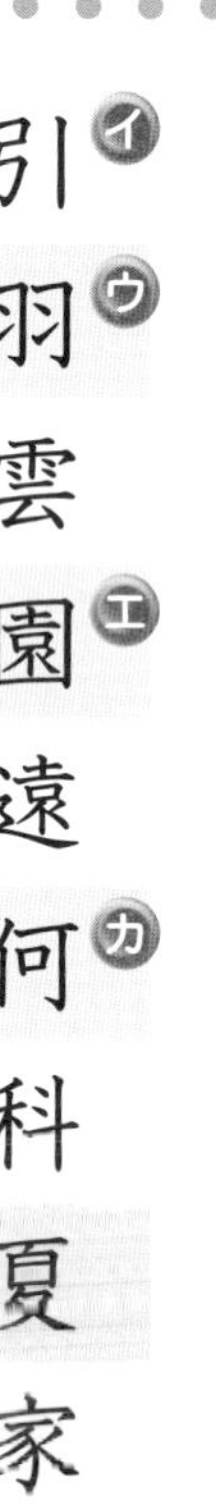

小学2年生でならう漢字

イ 引
ウ 羽 雲
エ 園 遠
カ 何 科 夏 家 歌 画 回 会 海 絵 外 角 楽 活 間 丸 岩 顔
キ 汽 記 帰 弓 牛 魚 京 強 教 近
ケ 兄 形 計 元 言 原
コ 戸 古 午 後 語 工 公 広 交 光 考 行 高 黄 合 谷 国 黒 今
サ 才 細 作 算
シ 止 市 矢 姉 思 紙 寺 自 時 室

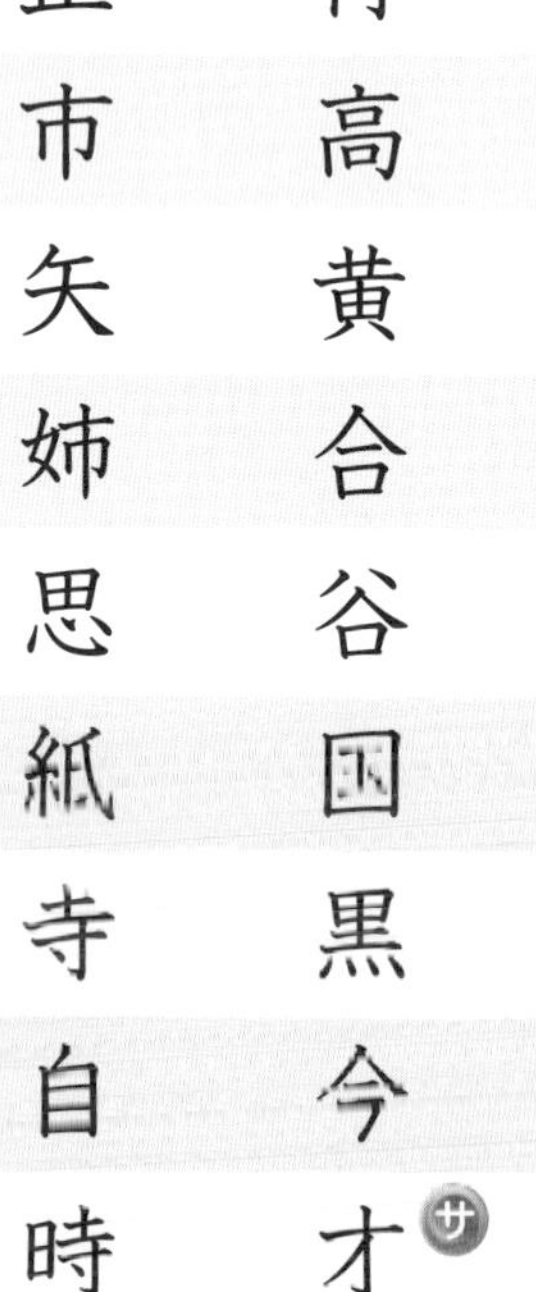

女 小 上 森 人 水（ス）
正（セ） 生 青 夕 石 赤
千 川 先 早（ソ） 草 足
村 大（タ） 男 竹（チ） 中 虫
町 天（テ） 田 土（ト） 二（ニ） 日
入 年（ネ） 白（ハ） 八 百（ヒ） 文（フ）
木（ホ） 本 名（メ） 目（モ） 立（リ） 力
林 六（ロ）

社 弱 首 秋 週 春 書 少 場 色 食 心
新 親 図（ス） 数 西（セ） 声 星 晴 切 雪 船 線
前 組（ソ） 走 多（タ） 太 体 台 地（チ） 池 知 茶 昼
長 鳥 朝 直 通（ツ） 弟（テ） 店 点 電 刀（ト） 冬 当
東 答 頭 同 道 読 内（ナ） 南 肉（ニ） 馬（ハ） 売 買
麦 半 番 父（フ） 風 分 聞 米（ヘ） 歩（ホ） 母 方 北
毎（マ） 妹 万 明（メ） 鳴 毛（モ） 門 夜（ヤ） 野 友（ユ） 用（ヨ） 曜
来（ラ） 里（リ） 理 話（ワ）

漢検 9級 漢字学習ステップ 改訂二版 ワイド版

2023年11月20日　第1版第5刷　発行
編　者　公益財団法人 日本漢字能力検定協会
発行者　山崎　信夫
印刷所　三松堂株式会社
製本所　株式会社 渋谷文泉閣

発行所　公益財団法人 日本漢字能力検定協会
〒605-0074 京都市東山区祇園町南側551番地
☎(075)757-8600
ホームページ https://www.kanken.or.jp/

Printed in Japan
ISBN978-4-89096-413-0 C0081

乱丁・落丁本はお取り替えいたします。

公益財団法人 日本漢字能力検定協会

改訂二版

漢検 漢字学習ステップ

漢検

ワイド版

答え

別冊（べっさつ）

「答え」は、別冊になっています。とりはずしてつかってください。

名まえ

※「答え」をとじているはり金でけがをしないよう、気をつけてください。

漢検 公益財団法人 日本漢字能力検定協会

700413 (1-5)

ステップ1

P.10

1
①ひ
②えん
③あまぐも
④はね
⑤とお
⑥なに

2
①3
②12
③13
④6
⑤3

P.11

3
①㋐うん ㋑くも
②㋐いん ㋑ひ
③㋐えん ㋑とお

4
①夕・雲
②遠足
③引力
④園
⑤犬・何
⑥白・羽

ステップアップメモ

1 ④「羽」には、鳥(とり)などを数(かぞ)えるときにつかう、「は」という読(よ)みもあります。「は」は、一羽(いちわ)・三羽(さんば)・十羽(じっぱ)などと、上につく漢字(かんじ)によって「わ」・「ば」・「ぱ」と読(よ)み方(かた)がかわります。

ステップ2

P.14

1
①こ・うた
②いえ・ひと
③なつ・にん
④が
⑤かがく・め
⑥もり・まわ

2
①㋑
②㋐
③㋑

P.15

3
①㋐園 ㋑遠
②㋐家 ㋑科
③㋐歌 ㋑家

4
①科
②画
③歌
④回
⑤家
⑥夏

ステップアップメモ

1 ②「家」は、「いえ」と読(よ)むほかに「カ」(作家(さっか))、「ケ」(家来(けらい))、「や」(大家(おおや)さん)とも読(よ)みます。

3 ②③「か」と読(よ)む漢字(かんじ)は、「下・火・花」などたくさんあるので、きちんとおぼえましょう。

ステップ3

P.18

1
①はず
②かいすい
③かいが
④つの
⑤たの
⑥あ

2
①㋐かど　㋑かく
②㋐かい　㋑うみ
③㋐がく　㋑らく
④㋐がい　㋑はず

P.19

3
①と・ま
②そ
③う・ひ
④す・し
⑤ん・が

4
①絵本
②会
③音楽
④三角
⑤青・海
⑥外・空気

ステップ4

P.22

1
①うみ・せいかつ
②き
③かわ・まるき
④あいだ・いえ
⑤はや・かお
⑥おお・いわ

2
①遠・雲・何・引
②活・岩・間・顔
※四つの順番はちがっていても正解。

P.23

3
①㋐あ　㋑かい
②㋐ま　㋑かん
③㋐かお　㋑がん

4
①丸
②岩
③顔
④活
⑤汽車
⑥間

ステップアップ メモ

1②「汽てき」は、船や機関車が鳴らすふえです。
2①「遠」は、13画で書く漢字です。
3②「間」には、「カン・ま」のほかにも、「ケン・あいだ」という読みもあります。

ステップ5

P.26

1
①ゆみ
②かえ
③き
④こうし
⑤きょう
⑥きんぎょ

2
①汽
②外
③角
④羽
⑤京

P.27

3
①9
②1
③9
④11
⑤1

4
①絵日記
②弓・引
③上京
④帰
⑤魚
⑥牛

力だめし1

P.28

1
①うみ・き・え
②とお・あいだ・くも
③おんがく・たの・うた
④なつやす・か・が
⑤もり・まる・かお
⑥きんぎょ・にっき
⑦アつの　イかく
⑧アがい　イそと
⑨アらく　イたの
⑩アまわ　イかい
⑪アま　イかん
⑫アぎゅう　イうし

ステップアップメモ

1
④「家」には、「いえ・すまい」といういみがあります。ほかには、「専門にする人」といういみがあり、「画家」「作家」「音楽家」のようにつかいます。
⑦「角」には、「つの・カク」のほかに、「かど」という読みもあります。

力だめし1

≪ P.29

2

①雲・楽・岩・記

②間・顔・科・会

※四つの順番はちがっていても正解。

3

① 1 羽　2 何

② 3 弓　4 引

③ 5 海外　6 生活

④ 7 京　8 夏

⑤ 9 園　10 家　11 帰

⑥ 12 遠足　13 汽車

ステップアップメモ

2 ①「楽」の書く順番に気をつけましょう。

亻 白 伯 泊 楽 楽

3 ⑥「汽車」の「汽」は、「気」と形がにているのでちゅういしましょう。

ひとやすみ クイズであそぼ！①

≪ P.30・31

かん太くんのしゃしん

ステップ6

P.34

1

①あに
②きょう
③つよ
④きん
⑤にんぎょう
⑥けいかく

2

①イ
②ア
③イ

P.35

3

①休・何
②園・回
③強・引
④近・遠
⑤記・計

4

①近・園
②三角形
③家・強
④先生・教
⑤兄・魚
⑥学校・計

ステップアップメモ

1 ⑤「形」には、「ギョウ」のほかに、「ケイ・かた・かたち」という読みもあります。

3 ③9級で学習する「弓（ゆみへん）」の漢字は、「強」と「引」の二字です。

④「辶」は、「丶→辶→辶」の順番に3画で書きます。

ステップ7

P.38

1

①そと・げんき
②えん・しょうご
③はら・はな
④にい・い
⑤え・と
⑥ふる・こう

2

①強・記・形・近
②古・元・京・原

※四つの順番はちがっていても正解。

P.39

3

①ア ふる　イ こ
②ア かい　イ あ
③ア ぎょう　イ けい

4

①草原
②牛・出
③火・元
④一戸・家
⑤古
⑥言・学

ステップアップメモ

1 ②「正午」は、「昼の十二時」といういみです。

3 ②「会う」と同じ読みの漢字には、「合う」もあります。「会う」は「人と顔をあわせること」、「合う」は「いっしょになる」といういみです。

ステップ8

≪ P.42

1

①あに・うし
②せんせい・かた
③こうりつ・にゅうがく
④だいく・と
⑤こう・がく
⑥くも・ひろ

2

①㋐ご ㋑こう
②㋐ご ㋑かた
③㋐こう ㋑ひろ

≪ P.43

3

①回る
②丸い
③交わる
④教える

4

①後・天気
②広・牛
③工・土
④公・男
⑤語・間
⑥交・右

ステップ9

≪ P.46

1

①たか
②あ
③かんが
④き
⑤ぎょう
⑥ひか

2

①光
②考
③汽
④記
⑤丸

≪ P.47

3

①高
②遠
③帰
④引

4

①海外・行
②車・高
③考・見
④月・光
⑤人・合計
⑥黄金

ステップ10

P.50

1

①こんげつ・やす
②くに・おそ
③くろ・くも
④はな・たにま
⑤ほそ・たけ
⑥おんがく・さい

2

①ア
②イ
③イ

P.51

3

①海・活
②元・兄
③計・語
④会・今
⑤絵・細

4

①国
②今
③細
④谷
⑤黒
⑥才

ステップアップメモ

1

⑤「ほそい」は「細（い）」、「こまかい」は「細（かい）」。ひらがなの部分にちゅういしましょう。

⑥「才」には、「生まれつきもっている力」といういみがあります。ほかには、「すぐれた力がある人」といういみがあり、「天才」のようにつかいます。

力だめし2

P.52

1

①だいく・ほそ
②ごご・こうえん
③つよ・ひかり
④き・はら
⑤くろ・げんき
⑥ふる・ひろ・こう
⑦アぎょう　イけい
⑧アたか　イこう
⑨アおし　イきょう
⑩アと　イこ
⑪アこと　イい

P.53

2

①兄
②強
③原
④何
⑤元

ステップアップメモ

1

⑤「黒」は、十一画で書く漢字です。書く順番に気をつけましょう。

⑩「一戸」は、「一けんの家」や「一つの家ぞく」といういみです。「戸」を「こ」と読むことにちゅういしましょう。

力だめし2

P.53

3
①
1 近
2 交
3 行
②
4 午
5 戸
③
6 天才
7 光
④
8 谷
9 細
⑤
10 楽
11 計
⑥
12 今
13 国語

P.54

4
① あらい — 近い
② 遠い — 行く
③ 白 — 黒
④ 帰る — 細かい
⑤ むかし — 今

5
① 光る
② 広げる
③ 考える
④ 後ろ

ステップアップメモ

3
②「午前」（「前」はステップ17で学習します）は、「午後」といっしょにおぼえておきましょう。
④⑥「谷」「今」は形がにているのでちゅういしましょう。

ひとやすみ クイズであそぼ！②

P.55

ステップアップメモ

4
①「細かい」は、「一つひとつのものが小さいようす」「小さなことまで気をつかうようす」といういみです。「細い」は、「はばがせまいようす」といういみで、はんたいのいみのことばは「太い」です。

ステップ 11

P.58

1

①かね・けいさん
②た・つく
③あめ・ちゅうし
④ゆみ・や
⑤し・がっこう
⑥ねえ・きょう

2

① 5
② 3
③ 3
④ 14
⑤ 3

P.59

3

①公・国・交・今
②作・細・姉・市
※四つの順番（じゅんばん）はちがっていても正解（せいかい）。

4

①兄・算
②市・魚
③遠・矢
④作文
⑤赤・止
⑥姉・夏

ステップアップメモ

1 ⑥「お姉さん」は「おねえさん」と読（よ）みます。「おねいさん」ではないのでちゅういしましょう。

2 ②「止」は、「丨→ト→⺊→止」の順番（じゅんばん）に書（か）きます。
③「姉」の「女（おんなへん）」は、「く→女→女」の順番（じゅんばん）に書（か）きます。

ステップ 12

P.62

1

①じ
②し
③てら
④しつ
⑤ごじ
⑥かみ

2

① 時
② 元
③ 作
④ 思
⑤ 寺

P.63

3

①㋐公 ㋑交
②㋐自 ㋑時
③㋐紙 ㋑市

4

①教室
②自・力
③寺
④時・金
⑤紙・水
⑥思・語

ステップアップメモ

1 ②「思案（しあん）」は、「あれこれ考（かんが）えること」「心配（しんぱい）」といういみ。

4 ②「自（みずか）ら」は、「自分（じぶん）」「自分（じぶん）から」といういみ。「自（みずか）らへやのそうじをする。」などとつかいます。

ステップ13

P.66

1

①しゅう・つきみ
②あめ・よわ
③こんしゅう・はい
④そうしゅん・はな
⑤やしろ・み
⑥くび・かえ

2

①海
②秋
③弱
④止

P.67

3

①歌う
②楽しい
③帰る
④弱る

4

①社
②秋
③首
④春
⑤弱
⑥週間

ステップアップメモ

2 ②「春」・「夏」・「秋」・「冬」（「冬」はステップ20で学習します）は、いっしょにおぼえておきましょう。

4 ③「首位」は、「第一位、一番」といういみ。

ステップ14

P.70

1

①くさ・ちゅうしん
②と・すこ
③いろ・え
④ゆうしょく・かえ
⑤し・しゅつじょう
⑥にち・か

2

①㋐く ㋑た
②㋐こま ㋑ほそ
③㋐さく ㋑さ

P.71

3

①市
②弱
③心
④外
⑤元

4

①書・本
②秋・色
③時・食
④広場
⑤自・心
⑥少女

ステップ15

P.74

1
①しん
②こえ
③ず
④かぞ
⑤しん
⑥せい

2
①古・合
②引・強
③家・室
④教・数
⑤科・秋

P.75

3
①古い ②子 ③弓 ④山

親 矢 谷 新しい

（①古い—新しい　②子—親　③弓—矢　④山—谷）

4
①親・家
②夏・新
③音声
④数・食
⑤図書
⑥西・市

ステップアップメモ

1 ⑥「西洋」は、「ヨーロッパやアメリカの国々」のこと。「東洋」は、「日本・中国・インドなど、アジアの東や南の方にある国々」のこと。

3 ②「親」は、16画で書く漢字です。書く順番に気をつけましょう。

力だめし3

P.76

1
①さんすう・けいさん
②あね・ごえ
③ずこう・じかん・つく
④せんしゅう・いろ
⑤あたら・じ・じょう
⑥てくび
⑦ゆう・にし
⑧おや・おも・こころ
⑨じ・しょく
⑩ほそ・よわ
⑪ちゅうし
⑫すこ・た

ステップアップメモ

1
①「算」には、「かぞえる」といういみがあり、「算数」のほかに「算」のつくことばには、「計算・足し算・引き算・暗算」などがあります。

⑨「食」には、「ショク・く(う)・た(べる)」の読みがあります。小学校ではならいませんが、「ジキ・く(らう)」という読みもあります。

⑩「弱」は、10画で書く漢字。「弓」の部分を3画で書きます。

⑫「少」は、はねるところ、とめるところにちゅういして書きましょう。

力だめし３

≪ P.77

2

1 ①ん ②い

2 ③し

3 ④う ⑤ん

4 ⑥か

5 ⑦し ⑧ん

3

①1 中心

2 矢

②3 秋

4 寺

5 社

③6 市場

7 食

④8 色

9 図

⑤10 図書室

11 本

⑥12 春

13 作文

ステップアップメモ

2 3「草原」は「そうげん」と読みます。「そおげん」ではないのでちゅういしましょう。

3 ④⑤「図」には、「ズ・ト」の読みがあります。小学校ではならいませんが、「はか（る）」という読みもあります。

ひとやすみ クイズであそぼ！③

≪ P.78・79

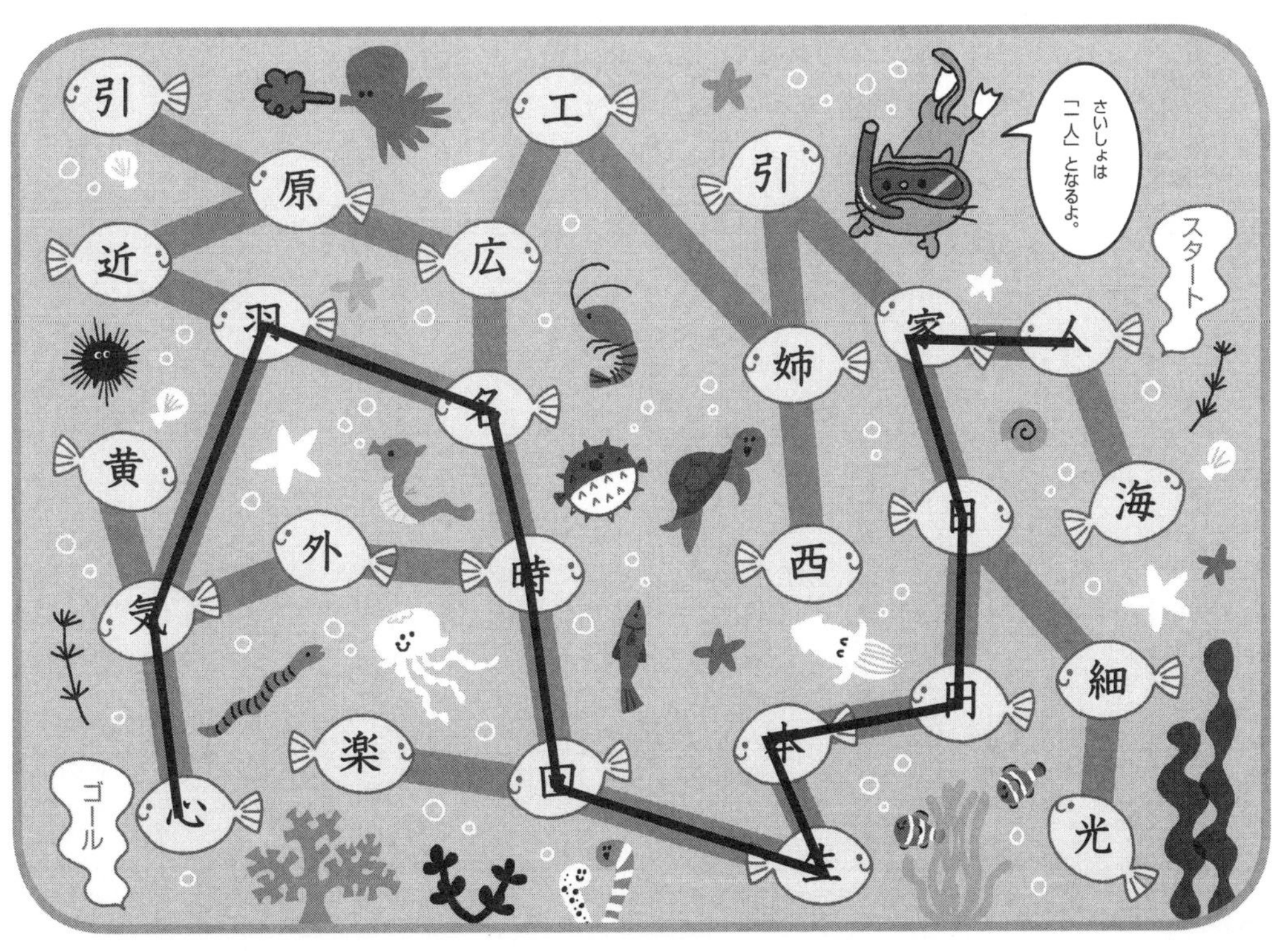

ステップ16

P.82

1
①じかん・ゆき
②きいろ・せん
③おも・き
④せん・ひ
⑤せい・み
⑥こん・せいてん

2
①切
②心
③親
④才
⑤耳

P.83

3
①雪・晴・船・線
②星・親・場・秋
※四つの順番はちがっていても正解。

4
①線
②星
③切手
④雪
⑤船
⑥晴

ステップ17

P.86

1
①なつ・おお
②まるた・せいかつ
③ぜん・いわ
④く・た
⑤たいりょく・じ
⑥こうえん・はし

2
①前
②晴
③太
④姉

P.87

3
①㋐き　㋑せつ
②㋐ほし　㋑せい
③㋐まえ　㋑ぜん

4
①引・組
②太・西
③力走
④前後
⑤多数
⑥水・体

ステップアップ メモ

1 ⑤「体」には、「タイ」のほかに「からだ」という読みもあります。また、小学校ではならいませんが、「テイ」という読みもあります。

4 ②「太よう」の「太」は、「、」を書きわすれないようにしましょう。

ステップ18

≪ P.90

1
①ち
②ちか
③ちゃ
④だい
⑤ひる
⑥し

2
①㋐たい
㋑た
②㋐たい
㋑だい
③㋐じ
㋑ち

≪ P.91

3
①場・地
②記・計
③図・国
④茶・草
⑤汽・池

4
①公園・池
②昼休
③台・魚
④茶色
⑤地図・広
⑥知人

ステップアップ メモ

1
①②「電池(でんち)」の「池」と「地下室(ちかしつ)」の「地」は、漢字(かんじ)の形(かたち)がにているのでちゅういしましょう。
⑤「昼」には、「ひる」のほかに「チュウ」という読(よ)みもあります。「昼食(ちゅうしょく)」などとつかいます。

ステップ19

≪ P.94

1
①ちょくせん・はし
②おとうと・いぬ
③こうちょう・おんがくしつ
④いっつう・てがみ
⑤とり・と
⑥そうちょう・め

2
①㋑
②㋐
③㋐

≪ P.95

3
①㋑
②㋑
③㋐

4
①鳥
②通
③直
④長
⑤朝
⑥弟

ステップ20

P.98

1

①いわ・あ

②てんせん・き

③ふゆやす・けいかく

④とう・き

⑤じゅうじ・みせ

⑥でんしゃ・い（ゆ）

※「行く」は「ゆく」とも読む。

2

①店・広

②体・作

③時・晴

④雪・電

⑤線・組

P.99

3

①4

②2

③13

④5

⑤1

4

①古・刀

②店・茶

③黒・当

④冬・間

⑤百点

⑥親・電

力だめし4

P.100

1

①まえ・し

②さんすう・みなお

③いちだい・とお

④みせ・でんち

⑤ふね・く

⑥ひる・ちゃ

⑦こんしゅう・とう

⑧こうつう・たいせつ

⑨かたな・としょ

⑩おお・さかな

⑪あに・たい

ステップアップメモ

1

③「通」には、「ツウ・とお（る）・とお（す）・かよ（う）」の読みがあります。小学校ではならいませんが、「通夜」のように、「ツ」という読みもあります。

⑧⑪「たい」という読みのある漢字は、「大」「体」のほかに「太」「台」などがあります。

力だめし4

P.101

2
①体・組・店・知
②地・朝・雪・台
※四つの順番はちがっていても正解。

3
①
1 首
②
2 長
3 太
③
4 弟
5 走
④
6 池
7 鳥
⑤
8 点線
⑥
9 昼食
10 電

P.102

4
① 1
② 4
③ 9
④ 4
⑤ 3

5
① 星
② 雪
③ 体
④ 冬
⑤ 地
⑥ 朝
⑦ 弟
⑧ 晴
⑨ 切
⑩ 多

ひとやすみ クイズであそぼ！④

P.103

① 書
② 科
③ 教
⇩
教科書

ステップ21

P.106

1
①あたま
②よ
③とうきょう
④こた
⑤おな
⑥みち

2
①紙・細
②頭・顔
③算・答
④語・読
⑤通・道

P.107

3
①兄
②雪
③頭
④夏
⑤線
⑥西

4
①東
②同時
③答・紙
④頭・走
⑤水道・水
⑥前・読書

ステップアップメモ

2 ④「語」「読」と同じなかまの漢字には、「記」「計」「話」などがあります。

4 ⑤「水道」の「道」は、12画で書く漢字です。書く順番にちゅういしましょう。

ステップ22

P.110

1
①かいが・ばいばい
②しゃない・た
③えま・か
④みなみ・ぼし
⑤う・ちか
⑥にく・か

2
① 肉
② 親
③ 電
④ 刀
⑤ 鳥

P.111

3
①内
②はずれる — 当たる
③売る — 買う
④せまい — 広い
（①当たる・②外）

4
①肉
②馬
③売
④南
⑤内
⑥買

ステップ 23

≪ P.114

1

①きょう・ちち
②ひる・たいふう
③しゅう・なか
④みなみ・いちばん
⑤わ・みぎ
⑥こむぎ・つく

2

①新しい
②直す
③晴れる
④分ける

≪ P.115

3

①は・ち
②ぜ・ん
③こ・と
④さ・ん
⑤う・な

4

①麦・広
②半年
③店・分
④父・出
⑤番犬
⑥風上

ステップアップ メモ

1 ③「半ば」は、「半分・中ごろ・とちゅう」といういみ。
2 ④「わける」は「分ける」と書きます。「分る」と書かないようにちゅういしましょう。
3 ③「今年」はとくべつな読み方です。

ステップ 24

≪ P.118

1

①き
②ほどう
③かあ
④ほう
⑤きた
⑥こめ

2

①風
②色
③弟
④北
⑤内

≪ P.119

3

①馬
②米
③母
④読
⑤肉
⑥歩

4

①強・北風
②白米
③海・歩
④母・買
⑤新聞・読
⑥夕方・雨

ステップ25

P.122

1

①とお・な
②まいあさ・うみ
③ひがし・あか
④いもうと・むし
⑤ひろば・さんまんにん
⑥けいと・つく

2

① 毎
② 方
③ 南
④ 毛
⑤ 母

P.123

3

①妹
②万
③長
④明

4

①毛
②毎
③妹
④鳴
⑤万
⑥明

ステップ26

P.126

1

①や・た
②ゆう・たいせつ
③がみ・よう
④せいもん・はい
⑤よぞら・ほし
⑥きょう・にちようび

2

①イ
②ア
③ア

P.127

3

①店・広
②電・雲
③通・道
④曜・明
⑤姉・妹

4

①水曜日
②友
③校・野
④母・門・前
⑤夜・雪
⑥道・用

ステップアップメモ

1 ②「友情」は、「友だちにたいする思いやり」「友だちとしてのまごころ」という意味。

4 ①「水曜日」の「曜」は、18画で書く漢字です。書く順番にちゅういしましょう。

ステップ27

≪ P.130

1
①はなし・よ
②らいねん
③はは・わ
④ふゆやす・く
⑤さと・はる
⑥ふる・り

2
①聞・買・北・分
②話・野・理・鳴
※四つの順番はちがっていても正解。

≪ P.131

3
①㋐夜 ㋑野
②㋐心 ㋑新
③㋐用 ㋑曜

4
①理
②来
③話
④里
⑤理
⑥来

ステップアップメモ

4 ③「話」には、「ワ・はな（す）・はなし」という読みがあります。「お話」「話をする」「むかし話」などは「はなし」と読みますが、「話し合い」「話し手」「話しことば」などは、「はな」と読んで、「し」をひらがなで書きます。

力だめし5

≪ P.132

1
①な・あまど
②みち・はなし
③よ・こた
④もん・はは・ちち
⑤ひがし・あか
⑥よる・や
⑦㋐らい ㋑く
⑧㋐おな ㋑どう
⑨㋐け ㋑もう

≪ P.133

2
① 北：①左、②上、③左下、④右、⑤右下
② 米：①上、②右上、③左上、④下、⑤左下、⑥右下
③ 内：①左、②右、③上、④下
④ 毛：①上、②右、③左、④下

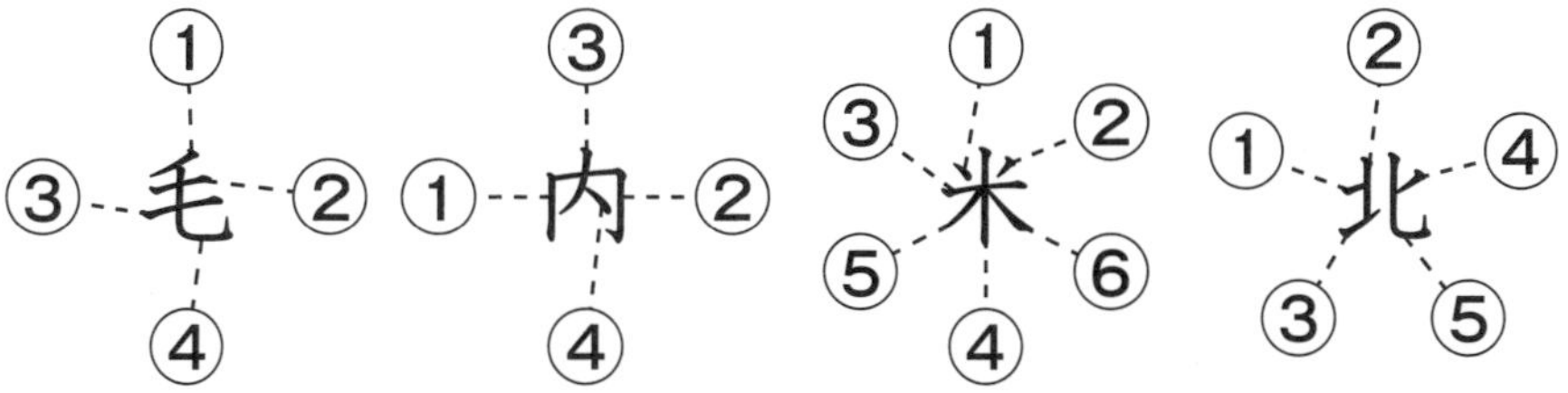

力だめし5

P.133

3

①1先頭　2歩
②3南風
③4友　5番
④6小麦色
⑤7妹　8画用紙
⑥9弟　10半分

P.134

4

①ア
②イ
③ア

P.134

5

①1汽
2池
②3話
4読
③5通
6道
④7明
8曜
⑤9広
10店

ひとやすみ クイズであそぼ！⑤

P.135

スタート

父	弟	才	公	母
光	寺	冬	広	矢
食		市		牛
台	外	北	茶	回
用		馬	妹	弓
兄	姉	会	家	

ゴール

まとめテスト

P.136

1

1 ①あたら ②えん ③あね
2 ④つよ ⑤かぜ ⑥とり ⑦おやこ
3 ⑧は ⑨はら ⑩おも
4 ⑪にとう ⑫こうま ⑬えほん ⑭よ

P.136

5 ⑮いちだい ⑯まえ ⑰ひろ ⑱みち ⑲はし
6 ⑳おとうと ㉑こえ ㉒げんき

P.137

2

1 **2**
2 **6**
3 **5**
4 **13**
5 **12**
6 **2**
7 **5**
8 **3**
9 **6**
10 **2**

P.137

3

1 ①き
2 ②に ③わ
3 ④あ ⑤み
4 ⑥み
5 ⑦く ⑧い

P.138

4

1 門
2 記
3 同
4 高

P.138

5

1 らいねん
2 く
3 ちょっかく
4 なお
5 けいかく
6 はか
7 こうばん
8 ま
9 でんわ
10 はな

P.139

6

1 ①
2 ①
3 ②
4 ②
5 ①
6 ②

まとめテスト

≪ P.139

7

1 ①国 ②図
2 ③週 ④通
3 ⑤算 ⑥答
4 ⑦雪 ⑧雲
5 ⑨海 ⑩活

≪ P.140

8

1 南
2 内
3 魚
4 夜
5 岩
6 戸
7 少
8 売
9 細
10 聞

≪ P.140

9

1 ①父 ②毎 ③朝
2 ④曜 ⑤午 ⑥後
3 ⑦秋 ⑧鳴
4 ⑨自

≪ P.141

⑩分 ⑪考 ⑫言

≪ P.141

5 ⑬肉 ⑭野 ⑮食
6 ⑯明 ⑰光 ⑱星
7 ⑲麦 ⑳茶
8 ㉑色 ㉒紙 ㉓切
9 ㉔友 ㉕歩

ステップアップ メモ

7

1「口」はくにがまえ。「国」「図」のほかに、「園」や「回」などが同じなかまの漢字です。

4「雨」はあめかんむり。「雪」「雲」のほかに、「電」などが同じなかまの漢字です。

8

1「北」「南」は方角をあらわす漢字です。「東」「西」といっしょにおぼえておきましょう。

ステップアップ メモ

9

1②「毎」は「ノ→𠂉→乍→毋→毎→毎」の順番に書きます。さいごに書く画にちゅういしましょう。

2⑤「午」と形がにている漢字の「牛」を書かないようにちゅういしましょう。